地域創造研究叢書
No.31

地域が求める人材

愛知東邦大学地域創造研究所=編

唯学書房

まえがき

　本書は、愛知東邦大学地域創造研究所の人材育成研究部会が中心となってまとめたものである。本部会は、2014 年『学生の「力」をのばす大学教育——その試みと葛藤』（地域創造研究叢書 No.22）の発刊で一区切りしつつも、その後もメンバーを変えながら現在に至っている。その間、東邦学園としては、名古屋市名東区と 2015（平成 27）年度から包括的連携協定を結び、様々な区内のイベントや運営に携わることとなった。同年、愛知中小企業家同友会と産学連携協定を締結するなど、地域企業との結びつきを深める基盤が整えられてきた。遡れば、株式会社名古屋グランパスエイトとの教育連携協定もなされており、スポーツ分野での連携も深めてきた。これら以外にも、企業・行政・大学との連携体制の拡充を続けている。「地域が求める人材育成」を推進しようとする学園・大学としての動きに伴い、「人材育成」をテーマとしてきた研究部会が、出版物という形に仕上げたということができるだろう。

　『地域が求める人材』というテーマは、ひとつの研究部会だけで体系的・網羅的に論じきることは難しいと考えたが、研究部会メンバーのこれまでの取り組みを、2 部に構成することで挑戦した。第Ⅰ部とした「地域が求める人材の探求」は、私たちの研究の目的そのものでもあり、各自の専門を活かしつつも学際的に進めてきた研究の成果ということができる。第Ⅱ部とした「地域を担う若者を育てる」ことは、私たちが実践として取り組もうとしてきたことに他ならない。第Ⅱ部は、その足あとでもあると同時に、他大学・他地域での様々な優れた取り組みを執筆いただくことで構成できた。

　「人生 100 年時代」には、高齢者から若者まで、すべての国民に活躍の場があり、すべての人が元気に活躍し続けられる社会、安心して暮らすことのできる社会をつくることが重要な課題とされている。若者を育てるという観点が中心となった本書の執筆は、着々と年を重ねて高齢者へと近づいていく研究部会メンバーにとって、挑戦的な経験という活躍の場であり成長の場ともなった。平成 31 年という区切りを「叢書 No.31 発刊」という記憶に残りやすい形で終えることができた。

　関係各位のご指導を賜ることができれば幸いである。

　2019 年 3 月　　　　　　　　　　　　　人材育成研究部会　主査　手嶋　慎介

目　　次

まえがき　iii

第Ⅰ部　地域が求める人材の探求

第1章　スポーツボランティアに関わる人材育成
　　　　――参加者と運営側の2つの視点から　大勝 志津穂　3
　Ⅰ　はじめに　3
　Ⅱ　スポーツボランティアの定義と分類　4
　Ⅲ　スポーツボランティア参加者の現状　5
　Ⅳ　スポーツボランティアに求められる人材像　6
　Ⅴ　スポーツボランティア育成の現状　6
　Ⅵ　スポーツボランティア運営側の教育　7
　Ⅶ　スポーツボランティア団体をマネジメントできる人材の育成　8
　Ⅷ　まとめ　8

第2章　地域を担う人材のキャリア支援
　　　　――地方公務員を目指す学生の実態をもとに　梶山 亮子・手嶋 慎介　10
　Ⅰ　はじめに　10
　Ⅱ　キャリア支援のための考え方　10
　Ⅲ　公務員試験対策プログラム受講者へのアンケート調査　13
　Ⅳ　地方公務員を目指す学生の内的キャリア形成支援　15
　Ⅴ　まとめ　21

第3章　大学間連携による地域課題プレゼンテーション教育
　　　　――プレゼンテーション基礎研究とその展開
　　　　加納 輝尚・山本 恭子・上野 真由美・手嶋 慎介　23
　Ⅰ　はじめに　23
　Ⅱ　プレゼンテーション基礎研究　23
　Ⅲ　大学間連携による地域課題プレゼンテーション教育　29
　Ⅳ　プレゼンテーション教育モデルの構築に向けて　35

第4章 「名東区学生ミーティング」の展開と課題
　　　　——名古屋市名東区委託事業を通じた学生の育成　舩木 惠一　38
　　Ⅰ　はじめに　38
　　Ⅱ　学生ミーティングの推移　39
　　Ⅲ　学生の学習成果と満足度　46
　　Ⅳ　外部連携PBLの可能性と教職員の運営課題　49

第Ⅱ部　地域を担う若者を育てる

プロローグ　地域を担う若者を育てる
　　　　——「東邦プロジェクト」からのアプローチ　深谷 和広　53

第5章　日本初の教育寮としての取り組み
　　　　——TOHO Learning House　阿比留 大吉　56
　　Ⅰ　ゲストハウスを自主運営する学生寮　56
　　Ⅱ　寮活動に寮生が関わる理由　56
　　Ⅲ　住みながら共に働くという文化　58
　　Ⅳ　長期的に成立し得る学生組織を目指して　60
　　Ⅴ　ラーニングハウスが地域にもたらすもの　63

第6章　地方に位置する社会科学系大学における地域貢献活動　河合 晋　66
　　Ⅰ　はじめに　66
　　Ⅱ　開学の経緯と地域貢献活動　66
　　Ⅲ　ソフトピア共同研究室における学生の地域貢献活動　70
　　Ⅳ　地方に位置する社会科学系大学における地域貢献活動の意義　74

第7章　経済・経営系学部における地域連携による学びの意義　水野 英雄　77
　　Ⅰ　経済・経営系学部の産学連携による「現地現物」の学び　77
　　Ⅱ　星ヶ丘三越との産学連携による学び　78
　　Ⅲ　より大きな地域との連携による学び　82
　　Ⅳ　経済・経営系学部における地域連携による学びの成果　83

第8章　基本的なマナーを通じた地域が求める人材育成の教育事例
　　　　上野 真由美　87
　　Ⅰ　はじめに　87
　　Ⅱ　本取り組みの経緯と概要　88
　　Ⅲ　結果と考察　90
　　Ⅳ　おわりに　93

第9章　地域連携型 PBL 活動における社会的認知度向上に関わる仕組み
　　　　──地域伝統産品のブランド価値向上を目的として　奥村　実樹　95
　　Ⅰ　はじめに　95
　　Ⅱ　活動のきっかけ　95
　　Ⅲ　活動を社会に伝えるための仕組み作り　96
　　Ⅳ　活動成果　98
　　Ⅴ　活動の課題　101
　　Ⅵ　おわりに　102

第10章　石川県白山市における地域連携ゼミナール活動　若月　博延　104
　　Ⅰ　地域の背景　104
　　Ⅱ　問題　105
　　Ⅲ　2018 年度の地域連携活動　105
　　Ⅳ　考察　111

あとがき　113

愛知東邦大学　地域創造研究所（紹介）　116
執筆者紹介

第Ⅰ部

地域が求める人材の探求

第1章　スポーツボランティアに関わる人材育成
——参加者と運営側の2つの視点から

大勝　志津穂

I　はじめに

　公益財団法人東京オリンピック・パラリンピック競技大会組織委員会は、2020東京大会の運営に関わる大会ボランティア8万人を一般公募した。その募集要項には、積極的に応募していただきたい方として、①東京 2020 大会の大会ボランティアとして活動したいという熱意を持っている方、②お互いを思いやる心を持ち、チームとして活動したい方、③オリンピック・パラリンピック競技に関する基本的な知識がある方、④スポーツボランティアをはじめとするボランティア経験がある方、⑤英語、その他言語及び手話のスキルを活かしたい方を掲げている（表1-1）。

　スポーツボランティアが注目されるようになったのは、1998 年に開催された長野オリンピック冬季競技大会と言われている（SSF 笹川スポーツ財団、2004）。国の政策においてもスポーツボランティアの位置付けは変化してきている。2000 年に発表されたスポーツ振興基本計画では、スポーツボランティアの言葉は見当たらず、ボランティアの言葉が 6 箇所使用されているだけであった。しかし、2012 年に発表されたスポーツ基本計画ではスポーツボランティアの言葉が 14 箇所にも見られるようになり、言葉の普及とともに、その活動内容も多岐にわたるようになっている（工藤、2017）。

　このように、国の政策においてもスポーツボランティアの位置付けは高まり、さらに、2019 年以降の日本でのビックイベント開催が近づくにつれ、その期待はより一層高まっている。また、大学では、学生に多様な経験をさせるために、様々なボランティア活動に参加するよう推奨し、2011 年の東日本大震災以降の災害ボランティアだけでなく、地域のマラソン大会やプロスポーツイベントの運営など、スポーツボランティアの活動も含まれるようになっている。

　そこで、本章では、ボランティアの中でもスポーツボランティアに着目し、①ス

表1-1 東京オリンピック・パラリンピックにおける大会ボランティアの活動分野

活動分野	主な役割
案内	会場内で観客及び関係者の案内、チケットチェックなどのサポート
競技	各競技運営のサポート
移動サポート	会場間の移動のサポート
アテンド	海外要人の接遇、選手団のサポート、選手インタビューのサポート
運営サポート	会場、選手村などでの運営サポート
ヘルスケア	急病人やけが人が出た場合のサポート
テクノロジー	通信機器等の貸し出しや回収サポート
メディア	国内外のメディアの取材サポート
式典	メダル・記念品の運搬等の表彰式運営のサポート

ポーツボランティアに参加する者と、②ボランティアを受け入れる運営側の2つの視点から、スポーツボランティアに関わる人材育成のあり方について検討する。

Ⅱ　スポーツボランティアの定義と分類

　東京ボランティア・市民活動センターHPによると、ボランティア活動の4原則として、①自分からすすんで行動する—「自主性・主体性」、②ともに支え合い、学び合う—「社会性・連帯性」、③見返りを求めない—「無償性・無給性」、④よりよい社会をつくる—「創造性・開拓性・先駆性」が掲げられている。このように、ボランティアは、自主的に、見返りを求めず、社会のために進んで活動することを指すと考えられている。

　スポーツボランティアも、このボランティア活動の4原則を含んでいると考えられる。スポーツボランティアの定義を調べると、多くが2000年に文部省が発表した「スポーツにおけるボランティア活動の実態等に関する調査研究報告書」に依拠していることがうかがえる。それによると、スポーツボランティアとは、「地域におけるスポーツクラブやスポーツ団体において、報酬を目的としないで、クラブ・団体の運営や指導活動を日常的に支えたり、また、国際競技大会や地域スポーツ大会などにおいて、専門能力や時間などを進んで提供し、大会の運営を支える人のこと」とされている。

　さらに、スポーツボランティアは、役割とその活動範囲から、大きく3つに分

類されている。1つは、クラブ団体ボランティアであり、地域スポーツクラブやスポーツ団体におけるボランティアを指し、日常的・定期的に活動を行う。2つ目は、イベントボランティアである。このボランティアは、地域における市民マラソン大会や運動会、国体や国際大会などのイベントを支える。非日常的で不定期な活動となる。最後は、アスリートボランティアである。プロスポーツ選手やトップアスリートが、福祉施設を訪問したり、ジュニアのスポーツ指導や地域のイベントに参加したりする社会貢献活動が主な活動となる。近年、メディアに取り上げられているスポーツボランティアは、2つ目のイベントボランティアを指す場合が多い。

Ⅲ　スポーツボランティア参加者の現状

　笹川スポーツ財団が、成人に対して実施するスポーツライフに関する調査では、スポーツボランティアに関わる調査結果が報告されている（図1-1）。その結果をみると、成人のスポーツボランティア実施率は、1994年から2016年の間、6％から8％を推移し、大きな変化はみられない。実施希望率は、13％から15％を推移し、こちらも大きな変化はみられない。実施希望者を実施者に移行させる、すなわち

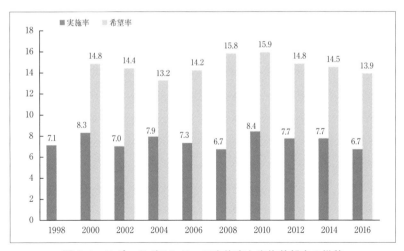

図1-1　スポーツボランティア実施率と実施希望率の推移
出所：笹川スポーツ財団「スポーツライフ・データ」（1998；2000；2002；2004；2006；2008；2010；2012；2014；2016 より）。

（実施希望率－実施率）の差をうめることが課題であることがわかる。

Ⅳ　スポーツボランティアに求められる人材像

　（公財）笹川スポーツ財団（2015a）の報告書では、国内外のスポーツイベント運営側に対して、求めるボランティア人材像をたずねている。その結果、①特別なスキルがなくても楽しく活動ができるボランティア、②手話で日常会話ができるボランティアがあげられている。東京オリンピック・パラリンピックの募集要項や活動内容をみても、何か特別なスキルが求められているわけではないことがわかる。

　では、本当に何もわからない人がスポーツボランティアに関わってもよいのであろうか。近年では、大学や企業、行政機関がスポーツボランティアに関わる人材育成に取り組んでいる。大学では、特定非営利活動法人日本スポーツボランティアネットワークと連携したスポーツボランティア論講座が開講されている。所定の科目を履修し、試験に合格したものには「スポーツボランティア・リーダー」資格が付与されるプログラムであり、関東の大学で行われている（工藤、2017：笹川スポーツ財団、2017）。企業では、CSR の取り組みのひとつとして、スポーツによるボランティア活動を支援する機運が高まっている。東京オリンピック・パラリンピックに向けて、「スポーツボランティア研修会」を開催する企業もある。また、東京都教育委員会は都内の公立学校に対して、オリンピック・パラリンピック教育の実践を行う中で、ボランティアマインドなどの浸透に努めている（笹川スポーツ財団、2017）。このように、ボランティアの活動内容に対して特別なスキルを必要としないものの、スポーツボランティアの意義や目的、ボランティア精神などについては、身に付けることが望まれていることがうかがえる。

Ⅴ　スポーツボランティア育成の現状

　スポーツボランティアの育成は、諸外国において先進的に取り組まれている。SSF 笹川スポーツ財団（2004）によると、最も早くから取り組んでいるのはニュージーランドであり、1989 年には「VIP：Volunteer Involvement Program」事業が行われ、スポーツボランティア育成制度が確立している。この VIP 事業は、オーストラリアでは 1993 年に、イギリスでは 1997 年にスタートしている。このよう

に諸外国では、日本より早い段階でスポーツボランティアの重要性に気づき、国としてプログラムを実施してきたことがわかる。

　日本では、笹川スポーツ財団が、1994年以降、2年ごとに「スポーツボランティアに関する実態調査」を実施し、実態把握に努めている。また、2000年以降、「スポーツボランティアに関する実態調査」の報告書も出され（スポーツにおけるボランティア活動の実態等に関する調査研究協力者会議、2000；SSF笹川スポーツ財団、2004；公益財団法人笹川スポーツ財団、2012；2015a；2015b；2015c；特定非営利活動法人日本スポーツボランティアネットワーク、2017）、その重要性が認知されてきたことがうかがえる。これら報告書をみると、近年は、ボランティア団体のマネジメントや参加者育成プログラムに言及した内容が提示されるようになっていることがうかがえる。たとえば、（公財）笹川スポーツ財団（2015a）では、国内大規模大会におけるボランティア組織や運営状況についてヒアリングを実施、ボランティア運営の課題として、人数予測と配置、経験豊富なボランティアの活動機会の提供、ボランティアのモチベーション維持、活動できるリーダーの確保、若年層ボランティアの確保などをあげている。また、（公財）笹川スポーツ財団（2015b）では、スポーツボランティアの活動を担う団体に対して調査を行い、今後、スポーツボランティアを活性化させるための課題を5つ提示している。①スポーツボランティアの正しい理解と浸透、②若年層（特に中高生）のスポーツボランティアの育成支援、③ボランティア組織・団体のネットワークの構築、④地域のコーディネーター役となる組織・団体の発掘・育成、⑤スポーツボランティアの好循環の推進である。このように、日本では、ようやくスポーツボランティアを育成することの必要性や課題、さらにボランティアをマネジメントできる人材育成の必要性が理解されるようになってきた。今後、諸外国の事例を踏まえながら、ボランティア育成のためのプログラムが開発され、普及していくことになるだろう。

Ⅵ　スポーツボランティア運営側の教育

　スポーツボランティアがやりがいと充実感を持って、継続的に活動するには、ボランティア運営側の正しい理解と認識が求められると言われている（笹川スポーツ財団、2017）。スポーツボランティアは、単なる人材不足の補充や人件費削減のためにあるのではないことを理解する必要があるのである（浦久保、2017）。スポーツ

ボランティア・運営ガイドブックには、ボランティアを運営する側が知るべき内容が示されており、リーダー育成方法やリピート率を高める方法も示されている。また、イベント主催者に対してボランティアに対する意識改革を求めており、ボランティアは「安い労働力」ではなく、イベント成功に向けて共に活動してくれるパートナーであることを認識する必要性があると述べている。

Ⅶ スポーツボランティア団体をマネジメントできる人材の育成

スポーツボランティア運営側の課題としてマネジメントが重要になっている。浦久保（2017）は、運営側は意欲あるボランティアの参加動機を汲み取り、大会や事業の理念、それに従ったボランティア活動の「位置づけ」を明確にし、そのための体制づくりに取り組むべきであり、運営側には高度なマネジメント能力が問われると言及している。山口（2018）は、ボランティアの継続を促すためのマネジメントシステムを構築し、ボランティアの組織化を推し進めることが必要であると述べている。このように、スポーツボランティアを運営する団体をマネジメントできる人材の育成が急務であることがわかる。浦久保（2017）がいうように、事業を継続的に実施するにはボランタリーな組織では限界があり、専門的知識を持ったプロフェッショナルな人材が求められるのである。

国は、競技団体やチーム、リーグ等における経営人材の育成・確保に向けた取り組みを2016年から始めている。国内外でのスポーツマネジメントやスポーツビジネスのカリキュラムを検討したり、専門職大学院の設置なども検討されている。スポーツボランティア団体においても、この取り組みと同様のことが求められるだろう。

Ⅷ まとめ

本論考では、スポーツボランティアに関わる人材育成について述べてきた。スポーツボランティア参加者の視点からみると、ボランティア参加者を育成するにあたっては、ボランティア活動の4原則とボランティア精神の理解が必要となるだろう。近年、特に注目されるのは、ボランティアを統括する・運営する側の人材育成である。運営側には、ボランティアをマネジメントする能力が求められる。運営側のマネジメント能力によって、ボランティアが継続して活動するかが問われると

いっても言い過ぎではないだろう。国が取り組むスポーツ経営人材の育成にみられるように、スポーツ分野における人材育成は早急に進められるべき課題であり、今後はスポーツを実施してきたいわゆる選手ではなく、マネジメントやビジネスの能力を身につけた人材がスポーツ分野に進出すべきと言えるだろう。

【参考文献】
浦久保和哉（2017）「スポーツボランティアの過去と現在」『現代スポーツ評論37』創文企画、pp.91-100。
工藤保子（2017）「スポーツボランティア論」『現代スポーツ評論37』創文企画、pp.127-134。
工藤保子（2018）「スポーツボランティア育成の現状と課題」川西正志・野川春夫編著『生涯スポーツ実践論——生涯スポーツを学ぶ人たちに（改訂4版）』市村出版、pp.107-112。
公益財団法人笹川スポーツ財団（2012）「スポーツボランティア団体の活動に関する調査報告書」。
公益財団法人笹川スポーツ財団（2015a）「スポーツにおけるボランティア活動活性化のための調査研究（スポーツにおけるボランティア活動を実施する個人に関する調査研究）報告書」。
公益財団法人笹川スポーツ財団（2015b）「スポーツにおけるボランティア活動活性化のための調査研究（スポーツにおけるボランティア活動を担う組織・団体活性化のための実践研究）報告書」。
公益財団法人笹川スポーツ財団（2015c）「スポーツボランティア・運営ガイドブック——スポーツイベントのボランティアを知る」。
笹川スポーツ財団（1998；2000；2002；2004；2006；2008；2010；2012；2014；2016）「スポーツライフ・データ——スポーツライフに関する調査報告書」。
笹川スポーツ財団（2017）「Ⅲ．スポーツボランティア」『スポーツ白書2017』pp.174-181。
SSF 笹川スポーツ財団（2004）『スポーツ・ボランティア・データブック』。
スポーツにおけるボランティア活動の実態等に関する調査研究協力者会議（2000）「スポーツにおけるボランティア活動の実態等に関する調査研究報告書」。
東京2020オリンピック・パラリンピック競技大会「大会ボランティア募集要項」。https://tokyo2020.org/jp/get-involved/volunteer/data/volunteer-guideline_JP.pdf（2018年12月18日参照）
東京ボランティア・市民活動センター「ボランティア活動、4つの原則」。https://www.tvac.or.jp/shiru/hajime/gensoku.html（2018年12月30日参照）
特定非営利活動法人日本スポーツボランティアネットワーク（2017）「スポーツボランティア個人に関する活動調査報告書」。
山口志郎（2018）「生涯スポーツイベントとスポーツボランティアマネジメント」川西正志・野川春夫編著『生涯スポーツ実践論——生涯スポーツを学ぶ人たちに（改訂4版）』市村出版、pp.112-116。

第2章　地域を担う人材のキャリア支援
―― 地方公務員を目指す学生の実態をもとに

梶山　亮子・手嶋　慎介

I　はじめに

　本章では、「地域を担う人材」として、地方公務員を目指す学生に焦点を絞り、そのキャリア支援について考察する。今日、若年者に対するキャリア支援の必要性は高まるばかりであり、高等教育機関における支援充実のための方策も組織的に取り組まれている。筆者らが置かれる教育現場において直面するのは、学生の初期キャリア形成に関わる諸問題である。教育機関における公務員を目指す学生については、内的キャリア形成支援、すなわち、その内面を知り就職後の適応のためのキャリア形成支援を行うことが肝要と考える。

　以下では、既存のキャリア支援のための考え方を踏まえたうえで、公務員を目指す学生へのアンケート調査結果から、志望動機や地元で働くことに対する意識、価値観を確認する。受験勉強を始める段階での明確な志望動機の有無や就職活動へのモチベーションの違いなどが初期キャリア形成に影響を及ぼすであろうことから、心理的成功を目指す「プロティアン・キャリア」の考え方が公務員を目指す若者の内的キャリア形成支援に有効であることについて言及し「キャリアのはしご」[1]となることを明らかにしていきたい。ここでいう「キャリアのはしご」とは、公務員を目指す学生の「職業生活への円滑な移行」「安易な転職の回避」のための内的キャリア形成支援である。

II　キャリア支援のための考え方

　シャインは、組織内キャリアについて、個人と組織のマッチングを動的なものとして捉え、個人からの視点を重視した（Schein, 1985）。シャインの提唱した「キャリア・アンカー」（表2-1）は、個人からの視点に基づいて8つに分類、「長期的に

表 2-1　シャインのキャリア・アンカー

アンカーの種類	価値観
①技術・専門性	仕事に没頭し、専門性を追求すること
②経営・組織管理性	経営上の課題を効率よく解決したり、昇進し、重い責任を全うすること
③自律・独立性	マイペースで仕事ができることや、キャリア選択に制約が少ないこと
④保障・安定性	雇用や身分が保障されているなど、キャリアの安定
⑤起業・創造性	商品、サービスや事業などの開発を好むなど、革新的な活動
⑥社会貢献性	自分が社会の発展や周囲の役にたっていると実感できること
⑦困難への挑戦性	不可能を可能にして見せるなど、困難な仕事を克服すること
⑧ライフスタイル（生活全体のバランス性）	趣味を楽しむことや家族の要望、キャリア全体のバランスをとること

出所：二村（2009）p.40 をもとに作成

キャリアを歩むための羅針盤」とされ、職業経験のない学生に対するキャリア形成支援においても活用されている。アンカーは「在りたい自分のイメージ」であり、自分の興味、能力、価値観に基づき長期的仕事生活の繰り返しにより見出され、仕事の積み重ねにより変化するとされる。また、それは「内面的な（内的）キャリア」の拠り所であり、働く自分についての理想であり展望となる。

　これに対し「外見上の（外的）キャリア」は、人がある職種につき、昇進していく過程で、その職種または組織から要請される具体的な役割やスキルなどの段階のことである。アンカーは経験やフィードバックを経て変化することもあり、一つとは限らない。職業生活の経過と外的キャリアの歩みとともに、自分の興味、能力、価値観に照らして自己を洞察していくことで自己概念は確立される。自己概念は青年時代の経験や教育によって得られた自己洞察から形成され、熟成するのは、能力、動機、価値観と現実の経験により、10年くらいの年月とされる。

　組織と個人という動態的なものがマッチングすることが難しい現代においては、キャリアについて自ら意識を持つことが大切である。ただし、シャインの主張が、アンカーに沿った仕事に就くことが最優先だとしているのではないという点に留意しなければならない。組織内では自分の思うようにいかないところがある中で、自分の興味、能力、価値観などから外的キャリアも整えるために、自らどのように動くのかということの指針、すなわち内的キャリア形成の一つの到達点としてアンカーを規定しているのである。

キャリアについて自ら意識を持つこと、すなわち自律的なキャリアとは、組織任せではなく自分で責任を持つキャリアを指す。それは、組織内でわがままを通すということではなく、安易な転職をしないキャリア観をもたらす。ホールは、変化する環境に対し、自らのキャリアを適応させることが重要であると考え「プロティアン・キャリア」を提唱した（Hall and Associates (Eds.), 1996）。プロティアン・キャリアは、今まで以上に自分の価値観や興味に気づき、過去、現在、未来の自分が連続している（自己概念の統合）という確信を持つという「アイデンティティ」を自覚した上で、人間相互の関係性によって新たな環境に適応するという考え方に基づく。組織における昇進よりも本人の心理的成功や自己効力感を重要視する。環境の変化が激しく組織内キャリアの見通しが困難な状況においては、心理的成功を一つの拠り所とし、自分の目の前にある環境にとけこんでいくことがキャリアの前進に寄与する。自らのキャリアの見通しが立ちにくい現代においては、学生にとっても、志望先、就職先を決定するときに何を軸とするかが論点となる。

　プロティアン・キャリアは変化が激しい時代の組織内キャリアの考え方であるが、この考え方は公務員就職を目指す学生のキャリア形成の指標になると考えられる。公務員を目指すことは決まっていても、どのようなところに合格できるのか、どのような仕事をしているのか、自分が何を担当するのかという先の見えなさがありつつも、それに適応していくことになる。また、受験の合否や不本意就職などについて、周りの人の価値判断に影響されず、自分の目標を成功させたかどうかに着目してキャリアを前進させていくという点で、初期キャリア形成期に好ましいあり方だと考えられるからである。しかし、それは若者が周りの意見を聞かないままで成長できるということではない。ホールは、相互関係アプローチ、すなわち他者との関係を重視しており、人間関係も重視する。

　以上のようなキャリアの考え方は、地域を担う人材のキャリア支援にも適応可能であろう。「地方創生」をはじめ、地域を担う人材が置かれる環境変化は、キャリアの一般論とかけ離れたものではない。以下では、このような考え方と「地域を担う人材」に対するキャリア支援に関して、そのような人材を目指す若年者の実態、より具体的には地方公務員を目指す学生の実態を踏まえて議論を進めていく。

Ⅲ 公務員試験対策プログラム受講者へのアンケート調査

1 調査概要

　ここでは、X県、愛知県における地方公務員を志望する大学生に対し動機や価値観などについてのアンケート調査[2]をもとに考察する。調査内容としては、①地元所在地、②志望職と志望勤務地を第3希望まで、③公務員を志望するきっかけ、④それぞれの職について勤務地は地元にこだわるかどうか、⑤それぞれの志望先を選んだ理由、⑥（地元に就職したい人に対し）自分にとっての地元のイメージ、などである。

　X県では、公務員受験講座を受講中の2017年春秋公務員試験受験予定のY大学3年生を対象に実施した。「地元」を実家のある都道府県としたときの地元所在地と志望職、志望勤務地のほかは選択肢（一部自由記述あり）による質問調査票であり、2017年3月24日に実施、回収した83名のうち無回答は3であった。80名中男子23名、女子57名であり単純集計した。

　愛知県では、愛知東邦大学「東邦STEP」[3]に登録した2020年公務員試験受験予定の大学1年生対象に実施した。X県Y大学生調査と同様の質問調査票である。2017年5月20日に実施し、回収した30名中男子25名、女子5名であり単純集計した。サンプル数が少ないものの、大学1年次から公務員を目指す事例としては珍しく、3年後の公務員試験に向けて試験勉強を開始しようという時点での意識調査として、Y大学3年生との比較による考察は意味のあるものといえるだろう。

　以上の各調査を比較し、対象の2地域の学生の意識の違いと共通点を検討してみると、おおよそ以下のようにまとめられる。

2 大学生の意識の違い・共通点

（1）きっかけ、興味

　Y大学生3年次では、親の勧め（30％）がきっかけとなって公務員を目指したものの、調査時は公務員試験の直前期であり、各省庁自治体の説明会を経験し「興味が高まった」のだと考えられる。志望動機には経済的理由に加え住民奉仕の意識がみえる。これに対し、東邦STEPの1年生は、親の勧め（40％）により公務員受験を目指し、経験者や受験講座の情報によって興味が高められている。入学直後のお金のかかる時期であるために、経済的理由が全面的に出たとみられる。

(2) 志望動機とアンカー（価値観）

　Y大学3年生の地方公務員志望者は、ワークライフバランスや家族、経済的安定に重きをおいている。すなわち、「ライフスタイル」「保障・安定性」「社会奉仕」といったアンカーである。また、国家公務員志望者は、地元にいたいという意向はあるものの、まずその仕事への興味があって国家公務員を選んでいる。したがって、「保障・安定性」「社会貢献性」に先立ち、「技術・専門性」というアンカーがあげられよう。一方、東邦STEPの1年生では、経済的安定を望む、地元志望、親の意向などが表出した。アンカーとしては「保障・安定性」「ライフスタイル」が関連するといえよう。

　いずれの学生も安定を望んでいる、地域性があるとも考えられるが、東邦STEPの1年生にはあまり表出しなかった「社会貢献性」の意識が受験間近のY大学3年生には表れている。

(3) 地元志向について

　地元にいたい理由として両大学生ともに1位2位に「地元貢献」「地元愛」があがっている。Y大学3年生は「家族のそばにいたい」「家族と別居」という家族との距離を意識して地元での生活があるのに対し、東邦STEPの1年生は地元で力を発揮することをイメージしている点で価値観が大きく異なっている。

　愛知県、名古屋市をはじめとした東海地方は経済的に活気があることや、入学から間もない1年次においてはまだ公務員試験の勉強も始まっておらず、期待感に満ちている様子がある。一方のY大学3年生は、求人倍率の傾向や所在地のX県の産業構造から生じる学生の安定志向から、公務員就職がその地域で経済的な安定を求める場合の重要な手段の一つであろうこと、試験勉強を始めて1年近く経つこと、受験間近の時期ということから、併願先の地域や志望動機の明確さがあり、地元生活に求めるものが現実的になってきている。地元暮らしに「家族のそば」「家族と別居」が上位にある点に留意すれば、アンケートが男子23名女子57名からの回答であり、女子が多いため「家族」への意識が強いからであるとも推測できる。

　Y大学の3年生は、地方公務員の志望動機で「地元勤務」と「経済的安定」「住民奉仕」をあげているが、地元就職の理由として「経済的に楽」が上位にない。このことから、公務員になりたいという主たる動機は経済的安定だと判断できる。

中嶌（2015）は「地方公務員は地元就職の手段であり、親の介護などの家庭要因より就労要因が大きい」と指摘している。アンカーの「ライフスタイル」重視の中にも、その要因が「家族」とともに「働く場所・住む場所」という異なる価値観がみられる。一方、「地元就職」の理由の第1位に「地域貢献」があげられているが、地方公務員の動機として「住民奉仕」は3位である。学生にとって「地元で働く」こと自体が「地域貢献」であり、「住民奉仕」とは異なる意識があるとすれば、地方創生政策の影響と考えることもできる。

Ⅳ　地方公務員を目指す学生の内的キャリア形成支援

1　地方公務員を目指す学生の意識と課題

アンケート調査や先行研究から、地方勤務の公務員を目指す学生に「保障・安定性」「社会貢献」「ライフスタイル」という価値観があることが明らかである。この調査における地元で働くことのイメージについての回答から「ライフスタイル」とは具体的には「地元で働く」「地元愛」「家族」である。

また、地域によっては地元就職の手段として地方公務員が選択される可能性が高いことも明らかである。強い「地元就職志向」のために受験準備をしてきたことからコミットメントが生じていると予想される。コミットメントがあることは目標達成には有効であり、試験に合格するには必要である一方で、そのコミットメントが高すぎれば弊害もある。

地方公務員就業を人生の目標とした人ほど将来のビジョンが不鮮明（中嶌、2015）であり、地方公務員になることへのコミットメントが高すぎる場合に、先の見えなさから就職後の不適応をもたらし仕事満足が得られないリスクがある。将来のビジョンとは未来の自分を指し、組織でなく自分が過去−現在−未来の自分を統合していくものであるとされる。ホールの考え方に従うならば、主体的なキャリア形成によって将来のビジョンが明確になる。地方公務員へのコミットメントが、自分のどのような価値観に対するコミットメントなのかを自己理解することなども重要な課題といえよう。

東邦STEP1年次ではまだキャリアの先が見えていない中で「とりあえず」公務員受験を選択している学生が多いことは明らかである。それに対してY大学の3年次終わりの時期では受験を間近にし、公務員就職に対して地元に残りたい理由と

して経済的理由を偏重していないことや、住民奉仕の意識が表出していることが明らかになった。それは受験を迎えるまでに自己理解や就職先の情報を得ることができた結果である。しかしその一方でＹ大学の受験講座に入講したものの、受験を迎えず途中で断念するケースもあるという。それは入講時に「とりあえず」公務員を目指したことに起因する。このため大学１～２年次にキャリア形成の種子をつくることが肝要である。また地域の経済事情などがある場合に生じる「地元で経済的安定を求めるためならば公務員」という意識だけにとらわれないためにも、特に「自分を見ること」「自分で見ること」、すなわち自己理解をし就職先や地域についての情報を得ることなどがキャリア形成の種子となる。教育機関ではそれらの機会を促す内的キャリア形成支援を行う必要がある。

2 就職先内定の３タイプと未内定の学生の課題

高崎（2016）は、就職活動を行った時期によるモチベーションと組織適応の関係を、①就職活動を始めたころからの第１志望先への就職、②その第１志望に落ちた場合の就職、③就職活動を始めたころには特に志望がなかった学生の就職、という３つに就職タイプを分類したうえで、離転職との関係を明らかにしている。その結果、努力したが不本意な結果を迎えると過度な否定感から不適応がおき、就職時の適応はできてもその後の職務満足、会社満足度が低いことから、離転職者が③、②、①の順に多いことを明らかにしている。

ここでは、高崎（2016）の３タイプになぞらえて、公務員志望者の内面を以下の３つに定義する。すなわち、公務員試験の勉強を始める時点からの第１志望先への就職である①「本意就職」、第１志望以外への就職である②「不本意就職」、公務員試験の勉強を始める時点で志望先が明確にならず、志望先選択が遅かったことに起因する志望先研究不足のままの就職である③「短期決戦就職」の３つである。

①「本意就職」について

「本意就職」は、あまり努力した感じがなく就職できた場合や、なぜ自分が合格したのか自分に自信が持てないような自己効力感が低い学生の場合には課題がある。前者の場合は「やらなくてもなんとかなる」という気持ちから就職後の適応モチベーションや能力発揮に期待できない。その結果、不適応や人間関係の問題が生じる可能性がある。後者のように自己効力感の低い場合においては、自信のなさに

よって職務における満足感や達成感が得られないであろう。

②「不本意就職」について

「不本意就職」は就職活動のモチベーションが高かった人が第1志望に受からなかったことから就職活動に否定的な気持ちを持ったままで就職するケースである。努力したにもかかわらず不本意な結果となれば不適応がおきる。その結果、就職先への満足度が低く、職務満足が得られないなどの追加不満が生じることで離職する可能性が高まるであろう。

③「短期決戦就職」について

「短期決戦就職」は志望先選択が適当な時期になされておらず、志望先の研究が不十分である。このためリアリティ・ショックによる不適応や、職務満足度の低さから離転職が生じるリスクが高まるであろう。

④「不採用」「再受験」について

以上の3つに加え、採用されないケースでは、民間企業への志望先転向や翌年度の再受験を選択する可能性が高い。民間企業に就職しようとすれば「非正規雇用」を余儀なくされることもある。このため「再受験」ではアルバイトをしながら、あるいは無業のまま受験勉強をすることもある。就職が不意になったことにより経済的な課題は切っても切れない中で、次回の試験まで本人を取り巻く環境の変化が生じることもある。自己効力感が低くなることや、孤独になりやすいことがあるため家庭の支援は必須である。

上記4つのケースのうち①～③はまず受験までに課題がある。また未内定も含むすべてのケースにおいて、試験終了後の支援が必要になる。学校側は採用、不採用決定時に就職活動の振り返りをさせる必要がある。就職活動は人間関係に始まり、情報収集、スケジュール管理をはじめとする自己管理、メンタルマネジメントなど、社会に適応するための学習の連続である。それについて振り返ることで更なる学習となる。キャリア形成において学習習慣が欠かせない。またはありたい姿と現実、その後について自らについて考える機会をつくるなど自己理解を促すような、内的キャリア形成の支援を行う必要がある。

自己理解、志望先研究（相手理解）、情報、学習、就職活動のモチベーションなどと密接な関係があるのがホールの考え方である（Hall and Associates (Eds.), 1996）。プロティアン・キャリアと伝統的キャリアを対比した図表に、アンケート結果に表

表2-2 プロティアン・キャリアと現代の若者のキャリア観、伝統的キャリア観の比較

	プロティアン・キャリア	アンケートから見える学生像	伝統的キャリア
主体者	個人	自分	組織
核となる価値観	自由・成長	安定・厚遇・貢献・地元・親	昇進・権力
移動の程度	高い	低い（地元・安定）	低い
重要なパフォーマンス側面	心理的成功	地元就職・安定	地位・給料
重要な態度側面	仕事満足感 専門的コミットメント 自分を尊敬できるか（自尊心）	地元への愛着 （国家公務員志望者は専門性を求める） 公務員になれるか 家族が喜んでいるか	組織コミットメント この組織から尊敬されているか （他者からの尊敬）
重要なアイデンティティ側面	自分は何がしたいのか（自己への気づき）	自分は何がしたいのか（地元生活における自分）	私は何をすべきか（組織における気づき）
重要なアダプタビリティ側面（適応力）	仕事関連の柔軟性 現在のコンピテンシー 尺度：（市場価値）	職場での柔軟性 尺度：（就職先に適応できるか）	組織関連の柔軟性 尺度：（組織で生き残ることができるか）

出所：渡辺編著（2018）p.173をもとに作成

れた公務員を目指す現代の若者をあてはめて比較してみると表2-2の通りである。プロティアン・キャリアでは心理的成功に価値をおき、個々の仕事満足度を重視する点が特徴的である。就職活動期は未就職ではあるが、プロティアン・キャリアと対比させると、就職活動をどのように行ったか、自分として満足のいくものだったか、結果はどうだったかなどを自己評価する点で自己効力感に働きかけることができる。

公務員を目指す現代の若者は公務員になることや地元で働くこと、家族の期待を重視していることから、第2志望への就職によってまわりに成功か不成功かを評価されるように感じることがあると考えられる。プロティアン・キャリアでは自尊心（自己効力感）を重要視している。例えば「地元に就職できたこと」にコミットメントがあり、地元就職を本人の成功とすれば、それを自信につなげることができる。仕事の成功を求めていくというプロセスを肯定することで見えにくかった仕事に適応していくことも可能となる。

3　就職までの支援

（1）情報に関する支援

　吉村（2016）においては、就職活動が他者との関係性を構築する連続であり、それが組織社会化にも役立つとし、相談相手の存在や情報が重要だとしている。

　他者との関係性によって適応能力が培われていくというのがホールの考え方である。他者との交流によって情報を得ることもでき、職場適応における人との関わりにも役立つと考えられる。

　情報については、アンケート調査結果からも、講座、官公庁説明会、公務員経験者の話などが公務員志望者に影響を与えていることからその効力は明らかである。例えばY大学3年生は、公務員への興味の高まりが「省庁自治体による説明会（52％）」と「身近な公務員の話（23％）」であるとリアルな情報に反応し、東邦STEP1年生は「講座からのアドバイス」が重要な情報入手元となっている。キャリア形成支援には情報に関する支援が非常に重要であると考えられる。

（2）自己理解支援

　先に示した通り、ホールはキャリアにおける成功や失敗はキャリアを歩んでいる本人によって評価されるものであり、他者によって評価されるわけではなく、自分が成功できたと思えば成功であり、他人の評価を気にしすぎないことを提唱している。公務員試験のシステムから、コミットメントが高くなる傾向があるが、プロティアン・キャリアの重要なアイデンティティは「自分を尊敬できるか」「自分は何をしたいのか」である。重要なのは自己理解である。試験の結果に応じて決まる職場に適応することは大切だが、周りの中にいる自分をしっかり持っていることが肝要である。そもそも仕事に何を期待しているのかが不明確なままで変化に自分を合わせるだけでは仕事に満足できず、心理的成功感を得ることが困難になる。このため自己理解を支援する内的キャリア形成支援の必要性がある。

（3）振り返り支援

　就職活動期のモチベーションの違いが、「本意就職」「不本意就職」「短期決戦就職」の後の組織社会化に影響を与えることは先に述べた通りである。キャリア形成における自己理解の重要性は自分の価値観が何であるかに気づくことにある。自己理解があれば不本意な就職であっても乗り越えられることがある。それは例えば

「第1志望でなかったから落ち込んでいる自分がいる」ことを認め「それでやる気が出なかったんだな」と思い、気が晴れることもあるだろう。地元愛があるならば「この仕事を通じて地元の人に喜んでもらえる仕事はなんだろうか」という肯定的な感情に変えることなどである。

就職活動そのものの振り返りが非常に大切である。就職活動は仕事そのものではないが学習の連続といえるからである。振り返りによって心理的成功を得られることがキャリアを前進させ、就職先での適応や仕事に対するやる気につながる。就職活動も仕事の連続もすべてが学習になり、偶然就いた仕事が後々のキャリアに大きな影響を及ぼすことになる（Krumboltz and Levin, 2004）。

以上のように、キャリアの考え方や知識を得ることで、気持ちの持ち方をポジティブにでき、就職活動期の様々な経験の中で自分を振り返るために役立つ。キャリアの考え方や知識を付与することもキャリア形成支援の一つであろう。

4　地元志向と地域、家族による支援

地元愛着が強い場合には、地元就職において、仕事のやりがい、仕事満足度、待遇満足度が高いという結果がある（中嶌、2015）。東邦 STEP の1年生の調査結果には「地元だと自分の得意が活かせる」「地元だと安心できる」という意見が多いことから地元就職は自信や安心につながっている場合もある。しかし仕事に興味がなければすぐに仕事に満足するとは考えにくい。中嶌（2015）の結果はアンケート調査の対象者が、ある程度仕事になじんでいる場合が想定される。

大学側は地元志向の学生に対して、時折「視野が狭い」と感じている一方、地元就職支援も広がっている。翻せば、教育機関が学生の就職希望エリアに関する情報提供をすることや、勤務地選びについて何らかの支援を施すことが重要であるということである。それは先に述べたように、就職活動において「情報」が非常に重要だからである。また、視野が広がれば受験先候補が増え、本意就職内定の学生も増える効果がある。労働政策研究・研修機構（2015）や就職みらい研究所（2016）によれば、学生が地元に固執しているというより、自分の馴染みのあるところや出身大学のあるところで就職したい傾向があるとしている。本研究のアンケート調査結果においても「在籍している大学のあるエリアで公務員になりたい」という結果が出ている。今後、地域同士の連携や政策にますます期待したいところである。

輕部他（2014）によれば、就職活動の支援として、家族や友人の支援、はげまし、慣れた場所での慣れた生活、ストレス解消法の存在を重要な位置づけにしている。これまで述べてきたように、公務員を目指す現代の若者の価値観には「家族」がある。家族の支援が大きな役割を果たすことから、就職活動期に自律を促しながらする家族からの支援が大変重要な位置づけとなるといえるだろう。

V　まとめ

以上のように地方公務員を目指す学生のキャリア形成支援については、まずは学生の内面を理解することに始まる。彼らは地元志向、公務員になりたいことに対するモチベーションやコミットメントが高いために勉強に力を入れている。もちろんこだわりがなければ合格を勝ち取れない場合もある。大学生活は、道筋がある程度決まっている高校生活とは異なり、4年間の過ごし方を自分で決める。このため、学生の内面に働きかける内的キャリア形成支援を1年次から行う必要がある。それがその後の組織社会化を円滑にし、豊かな初期キャリア形成を促進するための「キャリアのはしご」となるだろう。

【注】
(1) 梶山（2011）では人的資源管理の視点から働く個人のキャリア形成に焦点をあてキャリア形成支援の施策やしくみを「キャリアのはしご」とした。
(2) アンケート調査の詳細は、手嶋・梶山（2018）を参照されたい。
(3) 地方公務員（行政職、公安職）試験の合格に向けた教育プログラムとして、2016年度入学生から実施された。1年次からスタート。受講科目の一部は卒業要件単位として認定される。アンケートが行われた5月20日は開講日ともいえるプログラムの第1回目にあたる。

【参考・引用文献】
Hall, D. T. and Associates（Eds.）(1996) "The careers dead—Long live the career," *A relational approach to careers*, San Francisco: Jossey-Bass（尾川丈一・梶原誠・藤井博・宮内正臣訳（2015）『プロティアン・キャリア－生涯を通じて生き続けるキャリア――キャリアへの関係性アプローチ』亀田ブックサービス）.
Krumboltz and Levin, A.（2004）*Luck is no accident: making the most of happenstance in your life and career*, California: Impact Publishers（花田光世・大木紀子・宮地夕紀子訳（2005）『その幸運は偶然はではないんです！』ダイヤモンド社）.

Schein, E. H. (1985) *Career Anchors: Discovering Your Values*, Jossey-Bass/Pfeiffer（金井壽宏訳（2003）『キャリア・アンカー』白桃書房）.

Schein, E. H. and Van Maanen, J. (2013) *Career Anchors: The Changing Nature of Careers — Facilitator's Guide* (4th Edition), Wiley（木村琢磨監訳、尾川丈一・藤田廣志訳（2015）『キャリア・マネジメント　ファシリテーター・ガイド──変わり続ける仕事とキャリア』白桃書房）.

エドガー H. シャイン・尾川丈一・石川大雅（2017）『シャイン博士が語る　キャリア・カウンセリングの進め方──〈キャリア・アンカー〉の正しい使用法』白桃書房。

梶山亮子（2011）「内的キャリアと組織コミットメントの変化に着目した人的資源管理について」『人間社会環境研究科経営政策専攻　修士論文』金沢大学大学院。

輕部雄輝・佐藤純・杉江征（2014）「大学生の就職活動維持過程モデルの検討──不採用経験に着目して」『筑波大学心理学研究』第48号、pp.71-85。

就職みらい研究所（2016）「大学生の地域間移動に関するレポート2017　大学キャンパス所在地から見る就職予定先所在地までのパターン」株式会社リクルートキャリア。

高崎美佐（2016）「就職活動は早期離職に影響するのか」舘野泰一・中原淳編著『アクティブトランジション──働くためのウォーミングアップ』三省堂、pp.144-155。

手嶋慎介・梶山亮子（2018）「地方公務員を目指す学生の内的キャリア形成支援についての一考察──公務員試験対策プログラム受講者へのアンケート調査をもとに」『東邦学誌』第47巻第1号。

中嶌剛（2015）『とりあえず志向とキャリア形成』日本評論社。

二村英幸（2009）『個と組織を生かすキャリア発達の心理学──自律支援の人材マネジメント論』金子書房。

吉村春美（2016）「大学生の就職活動における他者からの支援は入社後の組織コミットメントにどのような影響を与えるか──リアリティ・ショックの媒介に着目して」舘野泰一・中原淳編著『アクティブトランジション──働くためのウォーミングアップ』三省堂、pp.133-143。

労働政策研究・研修機構（2015）「JLPT調査シリーズNo.162　若者の地域移動──長期的動向とマッチングの変化」独立行政法人労働政策研究・研修機構。

渡辺三枝子編著（2018）『新版　キャリアの心理学──キャリア支援への発達的アプローチ［第2版］』ナカニシヤ出版。

第3章　大学間連携による地域課題プレゼンテーション教育
——プレゼンテーション基礎研究とその展開

加納　輝尚・山本　恭子・上野　真由美・手嶋　慎介

I　はじめに

　本章では、学生相互評価や社会人による評価を得る機会を質量ともに向上させる取り組みとして、大学を取り巻く環境が異なる大学ゼミ間（愛知東邦大学×富山短期大学）でのムービー交換を通じた交流授業を事例として取り上げる。また、この交流授業に先立ち、演習授業におけるプレゼンテーションの実践・評価に基づく基礎研究を行った。実務におけるプレゼンテーションでは、常に聞き手の評価が伴うことを踏まえ、授業で行った学生のプレゼンテーションに対し、学生と授業担当の他、ビジネスの現場に身を置く社会人と情報教育を専門としない他大学教員の視点を加え、評価結果の差異を確認した。

　地域・産業界との協働による人材育成において、学生・教員にとっても最小限の負担で、より多くの教育効果が期待できるプレゼンテーション教育モデルの構築をめざすものである。

II　プレゼンテーション基礎研究

1　研究の背景

　プレゼンテーションは、ビジネス実務において、今や職種を問わず必須スキルになっている。実社会で活用できるプレゼンテーション教育や、その学習法の再検討が必要であろう。教育の現場でも、研究発表やインターンシップ・PBL（Problem Based Learnirg）成果報告会など、在学中に学生がプレゼンテーションを行う機会も増えており、その教育や指導の必要性は高まるばかりである。

　大学におけるプレゼンテーション教育関連の研究では、重田ら（2016）は、学生のプレゼンテーションにおける評価基準をピアレビュー内容から分析し、評価対象

を記述させることにより独自の評価基準を明確にさせる効果があったと述べている。辻（2017）は、プレゼンテーションの他者評価に投票による評価を取り入れ、学生間での評価を促進させたと述べている。このように、学生のプレゼンテーションに対して、学生が相互に評価を行い結果をフィードバックすることは、学生に改善への気づきや指針を与える効果があると考えられている。

2　調査対象
（1）学生
　名古屋学芸大学メディア造形学部映像メディア学科2017年前期開講科目「プレゼンテーション演習」（週1回90分×15回、教養科目）の履修者40人のうち14人。

（2）社会人
　東海三県の企業に勤務する、愛知東邦大学「職業実践力育成プログラム」受講者7人（年齢：28歳〜45歳、役職：経営層・役員1人、係長・主任クラス4人、一般社員2人）。

（3）教員
　授業担当者（担当：情報教育）1人、学生と面識のない他大学教員（担当：マナー教育、簿記会計教育、キャリア教育）3人の計4人。

3　プレゼンテーションの実践・評価方法
　「自分が伝えたいこと」から学生1人につき1テーマを自由に選択し、第12回の授業でスライドを用いた対面式のプレゼンテーション（制限時間3分）を行った。プレゼンテーションの様子はビデオ撮影を行い、映像は学生自身のプレゼンテーションの振り返りや教員が評価を行う際に使用した。
　学生は発表者のプレゼンテーション直後に、「第一印象」「内容・構成・表現方法」「話し方・態度・時間」「スライド資料」に関する28項目の5段階評価選択肢設問及び自由記述設問「プレゼンテーションの良かった点／改善点」2項目の計30項目から構成される無記名式の評価シートを用いて相互評価を行った。表3-1にプレゼンテーション評価項目を示す。
　なお、学生による相互評価は、時間の制約からグループ分けを行い、5段階評価

表3-1　プレゼンテーション評価項目

分類		評価項目	分類		評価項目
第一印象	1	発表前の見た目の印象がよい（身なり・服装、笑顔、表情）	話し方 態度 時間	16	最初と最後の挨拶ができている（お辞儀を含む）
	2	第一声の印象が良い（声・表情・姿勢）		17	適切に間をとりながら話している
内容 構成 表現方法	3	伝えたいことが明確になっている		18	原稿に頼らず話ができている
	4	興味が持てる発表内容である		19	時間配分が適切である
	5	話の展開が筋道が通りわかりやすい		20	プレゼンテーション時間が守られている
	6	サンドイッチ構成になっている		21	よい姿勢で発表できている
	7	内容にふさわしいタイトルを付けている	スライド 資料	22	スライドのレイアウトが適切である
	8	発表内容についてよく調べられている		23	図表が効果的に使われている
話し方 態度 時間	9	話す速さが適切である		24	スライドの文字がフレーズ化されている
	10	声の大きさ・トーンが適切である		25	スライドの文字の大きさが適切である
	11	アイコンタクトができている		26	スライドの配色が適切である
	12	抑揚をつけて話している		27	話とスライドの内容が一致している
	13	話の内容によって顔の表情を使い分けている		28	話とスライドを切り替えるタイミングが合っている
	14	ボディランゲージを有効に使いながら話している	全体〈自由記述〉	29	プレゼンテーションの良かった点
	15	正しい言葉遣いで話している		30	プレゼンテーションの改善点

の選択肢設問28項目を4分割し、1グループにつき7項目ずつを担当した。社会人と教員（授業担当者を含む）は、別日にビデオ映像を視聴し、学生と同じ様式の評価シートを用いて評価を行った。

4　プレゼンテーション評価結果

（1）5段階評価選択肢設問の評価結果

①評価者別の評価結果の相関関係

　選択肢設問の評価結果を、社会人、学生、授業担当者、教員（授業担当者を除く）

表 3-2　評価者別プレゼンテーション評価結果

発表者＼評価者	社会人		学生		授業担当者		教員	
	順位	平均点	順位	平均点	順位	平均点	順位	平均点
発表者 A	1	4.26	1	4.62	1	4.04	1	3.92
発表者 B	1	4.26	2	4.47	3	3.89	3	3.70
発表者 C	3	4.06	3	4.35	4	3.75	2	3.73
発表者 D	4	3.79	4	4.26	2	3.93	4	3.67
発表者 E	5	3.78	9	3.97	5	3.64	8	3.29
発表者 F	6	3.75	5	4.14	6	3.61	6	3.36
発表者 G	7	3.72	13	3.89	9	3.43	11	2.92
発表者 H	8	3.61	11	3.95	11	2.96	10	2.96
発表者 I	9	3.57	6	4.10	7	3.57	5	3.49
発表者 J	10	3.56	7	4.08	10	3.29	7	3.33
発表者 K	11	3.45	10	3.96	8	3.46	9	2.98
発表者 L	12	3.43	8	4.01	14	2.50	12	2.86
発表者 M	13	3.41	12	3.92	13	2.54	13	2.80
発表者 N	14	3.27	14	3.65	12	2.75	14	2.74

注：平均点は5点満点中の得点

表 3-3　評価者別プレゼンテーション評価の相関係数

	社会人	学生	授業担当者	教員
社会人	—			
学生	0.8950**	—		
授業担当者	0.8010**	0.7394**	—	
教員	0.8548**	0.9210**	0.8746**	—

注：** $p < 0.01$

の4つに分類し、発表者別に平均点と順位を算出した（表3-2）。

次に、表3-2の平均点を基に評価者間のすべての組み合わせで相関係数を算出した。その結果、「学生・教員」「社会人・学生」「授業担当者・教員」「社会人・教員」「社会人・授業担当者」「学生・授業担当者」の順にすべての組み合わせで強い正の相関があり、評価結果に類似性があることが示された（表3-3）。

②社会人によるプレゼンテーション評価結果の得点差

　社会人が行った評価の平均点を基に、社会人が第1位とした発表者A及びBと

表3-4　KH Coderで使用した自由記述設問の基本データ

設問	回答者数	段落数	文章数	総出語数	異なり語数	分析に使用した語数
プレゼンテーションの良かった点	社会人（7人）	89	193	1,058	290	108
	学生（14人）	180	402	2,724	538	222
	教員（4人）	56	134	1,025	255	151
	合計	325	729	4,807	1,083	481
プレゼンテーションの改善点	社会人（7人）	71	164	1,133	328	153
	学生（14人）	154	316	1,980	427	157
	教員（4人）	56	172	1,440	349	212
	合計	281	652	4,553	1,104	522

注：分析に使用した品詞：名詞・形容詞・形容動詞・動詞

他発表者との得点差が0.5を超えて上回っていた項目を抽出した。以下の（　）内の数値は、発表者A及びBと学生平均点との得点差である。

「12. 抑揚をつけて話している」（A：1.3、B：1.5、以下同じ順）、「10. 声の大きさ・トーンが適切である」（0.9、1.5）、「14. ボディランゲージを有効に使いながら話している」（1.0、1.0）、「2. 第一声の印象がよい」（0.8、1.1）、「9. 話す速さが適切である」（0.7、0.9）、「1. 発表前の見た目の印象がよい」（0.8、0.6）、「5. 話の展開が筋道が通りわかりやすい」（0.6、0.6）の7項目であった。

上位の学生は、話し方や見た目の印象、話の展開に関する設問で高い評価を得たことが分かった。その中でも、「ボディランゲージを使いながら抑揚をつけて話す」という、習得や実践が困難と考えられる項目で得点差がついた。一方、発表時間やスライドに関する設問では得点差は僅少であった。

（2）自由記述設問「プレゼンテーションの良かった点／改善点」の評価結果

自由記述設問「プレゼンテーションの良かった点／改善点」の記述を、社会人・学生・教員（授業担当者を含む）を集計単位として、評価者による表現の違いを、KH Coder（2.00f）を用いて頻出語を抽出した後、「対応分析」コマンドを用いて分析を行った[1]。表3-4に分析に使用した基本データを、図3-1、図3-2に対応分析の結果を出力した散布図を示す。

対応分析では出現回数の多い語が分析に使われ、特徴のない語が原点（0、0）付

28　第Ⅰ部　地域が求める人材の探求

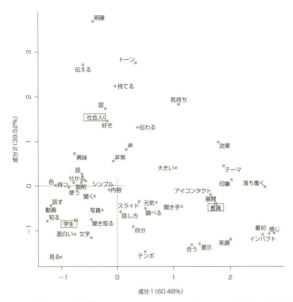

図3-1　自由記述「プレゼンテーションの良かった点」の対応分析

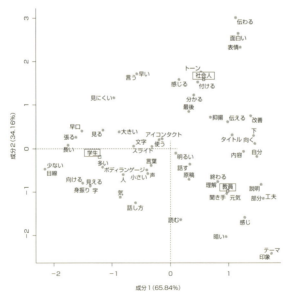

図3-2　自由記述「プレゼンテーションの改善点」の対応分析

近に布置される。原点から見て集計単位の項目の方向に布置され、原点から遠いほど、その項目を特徴づける語として解釈できる。

　社会人の記述に見られる特徴的な語では「明確」「伝える」「トーン」「表情」「分かる」「抑揚」があり、「伝えたいポイントが明確」「声の大きさ、トーンが良い」「表情が硬い」「内容が分かりづらい」「話し方に抑揚がなく平坦」という記述があった。社会人は、伝えたい内容が明確であることに重点を置き、さらに声の印象が良く表情豊かに話すことに注目し評価していたことが分かった。

　学生の記述に見られる特徴的な語では「見る」「文字」「面白い」「多い」「向ける」があり、「スライドの文字が見やすい」「内容が面白い」「スライドの文字が多い」「見ている人に視線を向ける」という記述があった。学生は、スライドの出来ばえなどプレゼンテーション本番に向けての作業を通した発表者側の視点や、自分が面白く感じたというような主観的な見方をする傾向が見られた。

　教員の記述に見られる特徴的な語では「インパクト」「笑顔」「テーマ」「印象」「内容」があり、「スライドの表紙にインパクトがある」「笑顔が良い」「テーマに即した内容」「タイトルと発表内容にズレがある」「全体的に印象が良い」「印象が暗い」という記述があった。教員は、印象の良い振る舞いやインパクトを与える工夫があることを評価する傾向にあることが把握できた。

Ⅲ　大学間連携による地域課題プレゼンテーション教育

1　基礎研究から得られた知見と取り組みへの視点

　評価者別の選択肢設問の評価結果から、順位づけに評価者個々の若干の違いはあるものの、相関関係において社会人、学生、授業担当者、教員のすべての組み合わせで類似性が確認できた。このことから、学生は第三者と同等の評価をすることが可能であり、学生の相互評価はプレゼンテーション指導に有効であるという示唆を得た。

　評価結果が上位の学生の特徴から、社会人は見た目の印象やボディランゲージなど、非言語的なコミュニケーション要素を使いこなせることを高く評価することが把握できた。

　「プレゼンテーションの良い点／改善点」に関する自由記述の分析結果から、社会人は伝えたいことが明確で、聞き取りやすい声で表現豊かに発表できていること

を重視しており、学生及び教員と着目点に差異があるという知見を得た。

学生相互評価がプレゼンテーション指導に有効であるという示唆を得ると同時に、特に社会人がプレゼンテーションを評価する場合には、非言語的なコミュニケーション要素や伝えたいことが明確であることが重視される傾向が把握できた。

以上のような点をふまえ、2014年度から名古屋の東山動植物園の地域課題解決学習に取り組んでいる愛知東邦大学の学生が作成する「東山動植物園の魅力」のプレゼンテーションを、富山短期大学の学生が評価し、逆に富山を代表する動物園を題材にした「ファミリーパークの魅力」をテーマに富山短期大学の学生がプレゼンテーションしたものを愛知東邦大学の学生が評価するという学生相互評価の取り組みを実施した。「動物園」を題材にしたのは、動物園が学生にとって最も身近で親しみのある「地域」の存在の一つである点、加えて学生相互評価を行う上での内容理解及び振り返りがより深まることを期待したからである。

2　富山短期大学の取り組み

(1) 概要

2016年度後期教養演習Ⅱ（加納ゼミ1年）では、地域の代表的動物園である「ファミリーパーク」と協働する取り組みとして、「地域の動物園『ファミリーパーク』の魅力を探る」をテーマに掲げ、その活性化の観点から、プレゼンテーションに取り組んだ。取り組みのプロセスにおいては、とりわけ、基礎研究の知見を受けて、「他者評価」の観点を積極的に導入し、プレゼンテーションスキルの向上を通し「発信力」の向上・獲得を試みた。

なお他者評価は、基礎研究の際に用いた5段階評価の選択肢設問（前出、表3-1）により実施した。

(2) 取り組み手法

ゼミをA～Cの3つのチームに分け（Aチーム4名、Bチーム4名、Cチーム3名、計11名）、「プレゼンテーション ⇒ 他者評価・振り返り・改善 ⇒ プレゼンテーション」を繰り返す中で、「ファミリーパークの魅力を伝える」というテーマについて、お互いのプレゼンスキルを、他者評価の点数をもって競わせる形で進行した。その際、他者評価として富山短期大学の学生同士の評価とともに、愛知東邦大学の学生との相互評価を取り入れた。また、非言語的なコミュニケーション要素の

導入や、伝えたいことが明確になるように、指導を行った。より具体的には、下記のようなプロセスで実施した。
  ① ゼミ全体でファミリーパークを視察。
  ② 各チームでプレゼンテーションを行い、他チームに評価を受ける。
  ③ ②の結果等を振り返り修正したものを再度プレゼンテーションし、他チームに評価を受ける。
  ④ ③を再度繰り返す。
  ⑤ ④の結果等を振り返り、改めてプレゼンテーションしたムービーを、愛知東邦大学の学生に評価してもらう。
  ⑥ ⑤の結果を受け取った後、必要な修正を加えるとともに、愛知東邦大学の学生のプレゼンテーションのムービーを評価する。
  ⑦ 総点の最も高かったチームを中心にゼミ全体で話し合いの場を設け、ゼミ全体として一つのプレゼンテーションを仕上げる。その際、必要に応じ、改めてファミリーパークの現場を視察した。
  ⑧ ファミリーパークの園長やスタッフにプレゼンテーションを行い、提案を受け入れてもらえるかどうか試みた。その際、非言語的なコミュニケーション要素の導入や、伝えたいことが明確になるように、特に注意を払った。
  ⑨ 一連の取り組み全体を振り返り、自己評価を行う。

（3）取り組み結果

　これらの結果、他者評価によるプレゼンスキルは、表3-5をみると、どのチームも、その前の回よりも伸長が見られた。愛知東邦大学の学生評価では、富山短期大学の学生同士で評価した数値よりも、全体として低く評価されることが分かった（富山短期大学の学生同士の概ね85％の評価）。中でも、富山短期大学側のゼミでは、「時間配分」や「時間厳守」の項目をあまり意識せずに実施したため、これらに関連する項目「話し方・態度・時間」は、富山短期大学の学生同士の約75％の評価にとどまり、富山短期大学側の指導の不十分さがうかがえた。

　そして、最終的な段階（⑧）であるファミリーパーク側へのプレゼンテーションは、タイトルを「みんなに愛される動物園」に変更し、ファミリーパークの魅力と課題について、ゼミ全体のプレゼンテーションとして一つにまとめたものを発表した。その結果、ファミリーパークの課題に対する提案の一つが受け入れられ、ファ

表 3-5 他者評価によるプレゼンテーションスキルの伸長結果 (1)

【第1回目 他者評価結果 平均値】

	Aチーム	Bチーム	Cチーム
第一印象	3.8	3.6	4.5
内容・構成・表現方法	3.7	3.7	4.6
話し方・態度・時間	3.8	3.3	4.0
スライド・資料	3.9	3.5	4.5
計	3.8	3.8	4.3

【第2回目 他者評価結果 平均値】

	Aチーム	Bチーム	Cチーム
第一印象	4.5	4.2	4.7
内容・構成・表現方法	4.6	4.5	4.7
話し方・態度・時間	4.4	4.2	4.5
スライド・資料	4.7	4.6	4.9
計	4.5	4.4	4.6

【第3回目 他者評価結果 平均値】

	Aチーム	Bチーム	Cチーム
第一印象	4.7	4.4	4.9
内容・構成・表現方法	4.8	4.7	4.8
話し方・態度・時間	4.4	4.1	4.8
スライド・資料	4.7	4.7	4.8
計	4.6	4.4	4.8

【愛知東邦大学学生による他者評価結果 平均値】

	Aチーム	Bチーム	Cチーム
第一印象	3.9	3.8	4.5
内容・構成・表現方法	4.0	4.0	4.3
話し方・態度・時間	3.6	3.3	4.1
スライド・資料	4.1	4.0	4.2
計	3.8	3.7	4.2

注:改善が必要(1)から大変よい(5)まで5段階で評価
　　富山短期大学11名、愛知東邦大学10名

ミリーパークとその課題解決のプロジェクトを協働実施することとなった(プレゼンテーション当時の決定)。プレゼンテーションを、相手側に提案を理解させ、最終的に契約を成立させる一つの手段と位置づけた場合、今回のプレゼンテーション教育は、一定の成果があったといえるだろう。

またA〜Cチームにおける一連の取り組みの自己評価結果(表3-6)を見ると、おしなべて「プレゼンテーション能力」と同時に「発信力」が磨かれたことも読み取れ、一定の教育効果があったことが分かった。

3　愛知東邦大学の取り組み

(1) 概要

近年、総合演習Ⅰ・Ⅱ(手嶋ゼミ2年)では、名古屋の観光地として有名な「東

表3-6 自己評価結果

2017年度後期教養演習Ⅱ
発信力強化を意識したプレゼンテーションスキルの向上のアンケート集計結果　5段階評価

1～5段階評価	今回の取組みにより、あなたは人前で話すことに慣れましたか。	今回の取組みにより、プレゼンテーションの資料作りの力は磨かれましたか。	今回の取組みにより、プレゼンテーションの能力は磨かれましたか。	今回の取組みにより、「発信力」は磨かれましたか。
開始前平均	2.18	2.73	—	—
終了後平均	4.27	4.27	4.18	4.18
伸び	+2.09	+1.54	—	—

注：開始前アンケート実施日　2017年10月31日（火）
　　終了後アンケート実施日　2017年12月26日（火）

山動植物園」に協力依頼をし、課題解決型学習の入門編として、職員を前にしたプレゼンテーションをゴールとする取り組みを行ってきた。2017年度は、「名古屋のNo.1名所（観光スポット）として県外に伝えよ！」をテーマとした。

なお、「他者評価」の観点の導入については、富山短期大学の取り組みと同様での考え方に基づいている。

（2）取り組み手法

取り組みは、「総合演習発表会（学内の他のゼミとの合同）⇒ 動植物園職員に向けて ⇒ 地域と連携した教育活動報告会（大学内行事）」というステップで、他者評価・振り返り・改善を行う中に、富山短期大学の学生との相互評価を盛り込んだ。そのため3つのチーム分けを行ったが、各ステップではチーム合同の場合もあった。「発信力」の向上・獲得も同様であるが、テーマそのものが「発信」を考える内容でもあった。伝えたいことが明確になるような指導とともに、学外者に恥ずかしくない最低水準とは何かを意識するよう指導を行った。

（3）取組結果

表3-7の通り、評価の回数は富山短期大学内での他者評価プロセスよりも少なくなってしまったが、各自でプレゼンテーション評価項目チェックを繰り返させることで、全体として伸長が見られた。また、他者評価の精度を高めさせるため、県内の高校生とのプレゼンテーション交流（別テーマ）も導入したことは、大学生とし

表3-7 他者評価によるプレゼンテーションスキルの伸長結果 (2)

【第1回目 他者評価結果 平均値】

	Aチーム	Bチーム	Cチーム
第一印象	4.4	3.6	3.4
内容・構成・表現方法	3.5	3.6	3.6
話し方・態度・時間	4.0	3.4	3.6
スライド・資料	3.8	3.7	3.6
計	3.9	3.6	3.6

【東山発表後の他者評価結果 平均値】

	Aチーム	Bチーム	Cチーム
第一印象	4.0	3.8	4.3
内容・構成・表現方法	4.0	3.7	4.2
話し方・態度・時間	4.0	3.2	3.8
スライド・資料	3.9	3.8	4.4
計	4.0	3.6	4.2

【富山短期大学による他者評価結果 平均値】

	Aチーム	Bチーム	Cチーム
第一印象	4.5	3.6	3.7
内容・構成・表現方法	3.9	3.4	3.3
話し方・態度・時間	4.0	3.2	3.6
スライド・資料	3.5	3.1	3.0
計	4.0	3.3	3.4

注:改善が必要(1)から大変よい(5)まで5段階で評価

表3-8 高校生とのプレゼンテーション交流

【高校生への評価結果 平均値】

	学生7人
第一印象	4.4
内容・構成・表現方法	4.5
話し方・態度・時間	3.9
スライド・資料	4.5
計	4.3

ての水準を意識させることにつながった(表3-8)。

　富山短期大学との相互評価では、良し悪しに対する評価に対して一喜一憂するだけの学生もいたものの、具体的なフィードバックに対しては具体的な修正行動をとるなどの姿勢を確認することができた。学生の感想レポートにも、各ステップを経て修正・改善を行うことについての記述が複数人に見られた。

　特徴的なのは、動植物園職員に向けてのプレゼンテーションにおいて、「第一印

象」「話し方・態度・時間」についての厳しいフィードバックを受けたことから、その後の他者評価の評価点が低下したことである。今回、その後の他者評価の平均値を出すことはできなかったが、富山短期大学の取り組みの①〜⑨のようなプロセスを、厳しいフィードバックを得られるようなプログラムとすることは、評価に対する理解の再検討を促し、教育効果に対する影響があることが示唆される。

Ⅳ　プレゼンテーション教育モデルの構築に向けて

1　本事例におけるプレゼンテーション教育モデル

あらためて「社会におけるさまざまな場面での表現活動」をプレゼンテーションと捉えるとき（大島編著、2014）、その場面、評価者によって評価が異なることは当然のことである。しかしながら、いわば「質的」な多様性ともいうべき異なる評価者が存在するからこそ、そこに「量的」な要素が加わった場合、教育上の相乗効果が発揮される。本事例研究において「質的」な要素とは、大学間の相互評価者等の存在がそれにあたる。一方「量的」な要素とは、ムービー等を活用し「他者評価・振り返り・改善」のサイクルを一人あるいは仲間と繰り返すことで、主体的な表現力の向上サイクルを身につける取り組みに他ならない。いいかえれば、プレゼンテーション教育を、基礎教育として積み上げていき、表現力と汎用的なコミュニケーション能力を同時育成するサイクル、すなわち「プレゼンテーション基礎教育」（図3-3「プレゼンテーション教育のPDS」における「第一の環」）を回すことである。

一方、本事例研究で共通する特徴が、プログラム構築（Plan）の段階で、プレゼンテーションテーマに地域・産業界の実課題を盛り込んだこと（本格的な連携プロジェクトの入門編と位置づけたこと）である。これはいわば、地域・産業界との協働などの実践的な諸活動の成果報告に必要な能力を育成するサイクル、すなわち「プレゼンテーション応用教育」（図3-3における「第二の環」）である。

当初「相互評価の繰り返し」は、プレゼンスキルの向上及び発信力強化につながることは想定していたが、上述のように、今回の教育内容を「第一の環」及び「第二の環」に二分して考えた場合、「第一の環」における「相互評価の繰り返し」が、「第二の環」へのアプローチになっていることは今回の事例研究の結果推察できたことである。

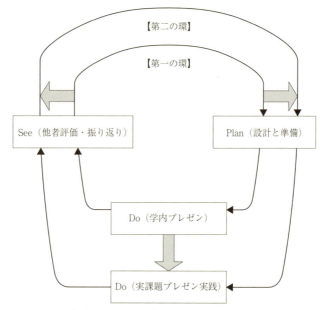

図3-3 本事例におけるプレゼンテーション教育の PDS

　具体的には、「第一の環」において、同じ評価項目を「相互」に「繰り返し」評価し、同時に「評価される」側にも回るという意識が、常に相手の存在を意識し、相手の立場に立ってものを考える姿勢につながっていることが推察される。このアプローチの結果、現場の動物園のスタッフ等への効果的なプレゼンテーション（「第二の環」）につながっていったものと思われる。

2　まとめと課題

　本研究では、「第一の環」と「第二の環」は、両者それぞれ分離してアプローチするのではなく、プログラムを工夫し段階的な学びを積み重ねることで広がりを持ち接近しうるものであることが示唆された。つまり「第一の環」と「第二の環」の広がりの部分を意識した教育が「ビジネス実務教育」で目指す諸能力を育成することにつながるように思われる。いいかえれば、「ビジネス実務におけるプレゼンテーション」のための教育ではなく、「プレゼンテーション教育」と「ビジネス実務教育」が相互に交わる部分、あるいはそれらの緊張関係に注目して、段階的に取

り組むことのできる学びのプログラムが強調されることになる。

　一方、課題の一つとしては、スケジューリングを組む際の時間の制約を、教員がどのように上手くマネジメントするかである。すなわち、「第一の環」を「第二の環」の前段階ととらえた場合、「第一の環」の教育に一定の時間がかかることを想定した上で、「第二の環」で対象となる連携先企業等とコンタクトをとり、お膳立てを行うことが必要となるだろう。また、「第一の環」の取り組みを、いかに効果的に「第二の環」に結びつけるか、つまりいかに効果的な「ビジネス実務教育」を実施していくかは教員の工夫次第となる。その際、プログラムの最初の段階から、連携する企業等に対する取り組みの最終目的を、常に学生に意識させておくことが重要になるであろう。

【注】
(1)　樋口耕一：KH Coder：http://khc.sourceforge.net（2018年12月27日参照）

【引用・参考文献】
大島武（2010）『プレゼン力が授業を変える！』メヂカルフレンド社。
加納輝尚・手嶋慎介・山本恭子・上野真由美（2018）「地域・産業界との協働をめざすプレゼンテーション教育の可能性――プレゼンテーション基礎教育研究に基づく取組事例」『日本ビジネス実務学会第37回全国大会研究発表要旨集』日本ビジネス実務学会。
重田崇之・板谷道信・福見敦・名木田恵理子（2016）「情報リテラシー教育におけるプレゼンテーションのピアレビュー分析――医療福祉系短期大学における事例」川崎医学会『川崎医学会誌　一般教養篇』第42号、pp.33-42。
辻高明（2017）「アクティブラーニングにおける学生間の他者評価の諸相と機能」秋田大学評価センター『秋田大学評価センター年報・研究紀要』pp.37-42。
福井有監修、大島武編著（2014）『新訂版プレゼンテーション概論』樹村房。

第4章 「名東区学生ミーティング」の展開と課題
—— 名古屋市名東区委託事業を通じた学生の育成

舩木　恵一

I　はじめに

　「学生ミーティング」とは何か。明確な定義は存在しないが、一般的には学生が主体的に特定のテーマに関して討論を行い、一定の結論をまとめることと想定される。愛知東邦大学における「学生ミーティング」とは、行政と大学の連携活動から派生したものである。東邦学園は名古屋市名東区と 2015（平成 27）年度から包括連携協定を結んでおり、名東区唯一の大学として、区内のさまざまなイベント等の活動に運営参加している。代表例として毎年 5 月 10 日（めいとうの日）前後の日曜日に、「名東の日・区民まつり」を地元学区とともに、愛知東邦大学と東邦高等学校を会場として開催している。このイベントはここ数年平均 1 万 5 千人が来場する春の大型イベントとして市民生活に定着している。その他にも、地域の社会福祉団体との連携による子育て支援活動や、名東文化小劇場や名東図書館とパートナーシップ協定を結び、メセナ（芸術・文化の援護）や区内児童の学習支援活動に取り組んでいる。こうした名東区との結びつきを背景として、「学生ミーティング」及び「子どもミーティング」は誕生した。企画・運営主体として、大学側はテーマ設定・参加者募集・ファシリテーション業務を委託事業として取り組み、その結果を「名東区民ミーティング」で報告発表している。区役所の区政部企画経理室と連携し、よりよい名東区にするために学生視点による課題抽出や解決アイデアを区政方針作成に反映させるのが目的である。2018 年に 3 回目が実施された。

　回を重ねるごとに進化している「学生ミーティング」に焦点を当て、委託事業にいたる経緯と 3 ヵ年の取り組みの成果、大学の地域社会への貢献性、学生の学習成果や満足度、地域連携型 PBL（Project Based Learning）の可能性や教職員の運営課題を探りたい。

第 4 章 「名東区学生ミーティング」の展開と課題

Ⅱ 学生ミーティングの推移

1 委託事業にいたる経緯と 3 ヵ年の取り組みの推移

「名東区学生ミーティング」は名東区との包括連携協定が締結された翌年 2016（平成 28）年度から開始された。初回は委託事業ではなく、連携の試験的な取り組みとして愛知東邦大学が主催、名東区が協力という構図で実施することになった（写真 4-1）。

名東区の執行予算や組織体制及び各部門の人事が固定化されるのが年度開始の 4 月である。大学に「学生ミーティング」に関する企画打診がなされたのは 6 月、そこから組み立てが開始された。愛知東邦大学では、こうした外部からの働きかけを公的に受理し、学内の執行体制を構築、しかるべき部門との協議を経て、正式に大学の意思決定機関に実施提案する機能を有しているのは学内の地域連携委員会であった。当委員会は、2015 年から新設された組織で、全学部から選任された教員と学生課（当時）の職員からなる組織であった。

大学として、この案件をどのように行うかについて、主な論点は 2 つであった。主体となる学生をどう募るか、また学生を指導し、かつ行政の求めるレベルと学生の実力を調整する教職員のアサインメントをどうすべきかであった。当時学内にて

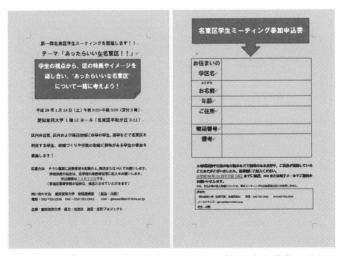

写真 4-1 「第一回名東区学生ミーティング」の参加募集チラシ

地域連携活動を行っている組織は、学生の自治組織「学生会」の他、各演習活動、部やサークル活動の組織であったが、どこも独自の行動計画を既に有しており、期中におけるアドホック的な取り組み、かつ名東区との包括連携協定の成否を担う新規プロジェクトを運営する機能及び余裕を有する団体は存在しなかった。そこでPBL型授業の一環として、外部組織や地域社会との連携をベースとする科目（全学共通）「東邦プロジェクト」の後期開講科目のひとつとして設置し、指導教員のもと履修生による取り組みとする方針が決定された。以後、このスタイルは継承され、2016年から3期連続してPBL授業の担当教員と履修生が企画運営を担う事業となっている。

「第一回名東区学生ミーティング」はこうして2017年1月14日（土）に愛知東邦大学の学生のみで行われた。運営のみならず、会議への参加者もすべてPBL型授業「東邦プロジェクト」受講生であった。開催場所（大学施設内のラーニングコモンズホール）、開催時期（1月末の週末）、テーマ（つながるまち・ひろがるまち名東区）もすべて試験的に行われたのである。総勢20名を超える初回ミーティングは、その冬一番の寒さにより降雪に見舞われ、公共交通機関にかなりの影響がでて遅刻者が多数発生したが、イベントとして成立した。

しかしながら、参加学生の発言意欲は決して高くなく、結果的としての提言内容は乏しいものに終始した。参加した学生にどのような学びの機会となったのか、区政ビジョンに反映すべき意見アイデアが提供できたのか、運営を担当した教員として形式的な成功より、実質的な成果に課題が多いと感じていた。しかしながら初回の試験的な取り組みを通じて、改善を要するポイントが明確になった。開催時期や告知方法、参加者、討議テーマ、運営手法、区民への報告タイミング等である。

開催時期であるが、大学の期末試験の直前、センター入試など大学受験活動のピーク時期では、どこの大学生・高校生も参加を望めないため、ミーティングそのものを遅くても11月中旬開催とし、かつその成果を12月の「区民ミーティング」で報告というステップが確認された。そのためには、10月初旬時点でテーマが決定され、招聘校選定や告知ポスター及びチラシが完成されていなければならない。後期開始後、スタートダッシュを継続しなければいけない。ミーティング参加者を名東区周辺の他大学・名東区内の高等学校に拡大し、より多様な視点・意見を募ることが、会議の位置づけの公共性を高める必須条件と認識された。その実現のためには、ミーティング開催の数ヵ月前からテーマを設定し、告知期間をできるだけ確

写真 4-2 「平成 29 年度名東区学生ミーティング」参加募集ポスター

保すること。さらに愛知東邦大学だけでなく、行政からも他大学・高等学校へ声掛けし、名東区が主体的に行動することが重要であると確認された。討議テーマについては、学生が意見やアイデアを述べやすいように、より絞り込んだ内容とすること、また事前にテーマに関するアンケート調査等を実施し、討議に入りやすいように何らかの情報提示がある方が成果を得やすいと考えられた。また、東邦プロジェクト履修生はできるだけ企画・運営に集中させ、地域連携活動の経験を有する愛知東邦大学の一般学生の参加を募ることが、経験に基づく具体的な意見やアイデアに結びつきやすいという結論に達した。

　確認された改善ポイントを行政と大学が協力して取り組んでゆくことを前提に、2017年度には、正式に名東区委託事業として「名東区学生ミーティング」が実施された（写真4-2）。

　「平成29年度名東区学生ミーティング」は、2017年11月16日（木）平日の夕方に開催され、愛知東邦大学、愛知淑徳大学、東邦高等学校の3校による実施となった（写真4-3）。

　討議テーマは、「学生の地域連携活動への参加の現状と課題」とし、特にボランティアや地域交流イベントへの参加状況や課題について討議することとなった。参加学生が取り組みやすいテーマとしたばかりでなく、テーマに関する意識や行動アンケート調査を事前に行った。他大学・高校の参加者を募るため、アンケート調査を兼ねてチラシ配布を地下鉄東山線星ヶ丘駅で複数回実施した。名東区内の複数の

写真 4-3　グループ発表を行う東邦高等学校の参加者

高等学校へも参加要請やアンケート回答依頼を行った。一方、愛知東邦大学内における学生ミーティングの認知拡大、一般学生の参加を募るために、地域連携活動を実施しているゼミやサークル活動の学生へのインタビュー調査も行った。こうした企画と運営はすべて「東邦プロジェクト」の履修生である。

　第一回にて発見された改善ポイントに注力した結果、意義に共鳴し、先行して地域連携活動の実績がある愛知淑徳大学が加わることになり、また東邦高等学校の生徒会が大学の取り組みに興味を持ち参加することになった。また、愛知東邦大学の一般学生から参加の申し出がなされるようになった。このようにして2年目の取り組みは大きな進歩を獲得することとなった。

　2年目にあたる「平成29年度名東区学生ミーティング」が飛躍的に改善された大きな要因は複数ある。まず大学の支援体制が整備されたこと、また学内における地域連携活動の盛り上がりにより、東邦プロジェクト履修生も大幅に増加したこと、さらに初年度に参加した学生が上級生となり、その経験を活かした運営が行なえるようになったことである。支援体制については、2017年度、それまで組織図上でしかなかった地域連携センターが愛知東邦大学内に物理的に設置され、専任職員の配置など、具体的な機能設置がなされた。周辺他大学より10年ほど遅れての設置ではあるが、ようやく内外的に大学の地域連携活動の窓口が明確化され、地域連携を学びの機会として重視する姿勢を明確に示すことが実現した。こうした動きに呼応する形で、学内での地域連携活動も質的・量的に増加し、学生の関心増加

第 4 章 「名東区学生ミーティング」の展開と課題

写真 4-4 「平成 30 年度名東区学生ミーティング」の告知ポスター

写真 4-5 学生ミーティングの様子

につながってゆく。毎年度末（2月上旬）に行われる「地域と連携した授業・活動報告会」では、報告プロジェクト数・参加学生数も年々増加し、2018 年 2 月では、20 以上のプロジェクト報告、160 名以上の学生が集い、プロジェクト実施担当学生の熱いプレゼンテーションが行われるなど、大学の学期末のイベントとしても盛り上がりを見せ、恒例行事化するステージへ到達した。

「平成 30 年度名東区学生ミーティング」は 2018 年 11 月 24 日（土）に開催された。3 年度目となる学生ミーティングの大きな変化は、参加大学の大幅増加、各大学のケース紹介、学区代表の参加、ミーティング参加学生と運営学生の完全分離、成果の報告や発表レベルの質的向上である（写真 4-4、4-5）。

愛知東邦大学の地域連携センター、名東区区政部企画経理室は 2018 年度に入り数度にわたる「学生ミーティング」に関する協議を行った。名東区の担当者が交代し、役割の再確認が必要であったこと、加えて、次の段階へ移行するための改善ポイントを明確にする必要があったのである。両者の関心は"成果の捉え方"に関するすり合わせであった。これまで「学生ミーティング」の成果とは、参加者数などイベントとしての規模的なスペック及び学生の提言内容等、単独のイベントとしての捉え方のみであった。大学としては学生への教育機会の提供、行政としては地域社会への貢献性を再度検討した結果、両者が合意に達した「学生ミーティング」の意義とは、スペックの拡充ではなく、企画者・運営者・学生・地域社会が共有できる価値づくりにあるとし、具体的には、「学生ミーティング」を通じて、参加者同

写真 4-6　平成 30 年度の包括的テーマ　　写真 4-7　平和が丘学区の参加者の方々

表 4-1　「学生ミーティング」3 ヵ年の推移

年度	参加校数	参加者総数	テーマとワークショップ議題
2016 (平成 28)	1 校 愛知東邦大学	21 名	「あったらいいな・こうならいいな名東区」 ワークショップ① 名東区つながりとひろがりの現状 ワークショップ② 名東区つながりとひろがりの将来
2017 (平成 29)	3 校 愛知東邦大学 愛知淑徳大学 東邦高校	48 名	「学生の地域活動への参加の現状と課題」 ワークショップ① ボランティア活動への参加の現状と課題 ワークショップ② 地域交流イベントへの参加の現状と課題
2018 (平成 30)	5 校 愛知東邦大学 愛知淑徳大学 愛知みずほ大学 椙山女学園大学 岐阜経済大学	58 名	「大学・学生は地域社会にどう貢献できるのか」 事例発表とワークショップ① 他地域・他大学の地域連携活動の事例研究 (大学・学生は地域社会にどう貢献できるのか) 事例発表とワークショップ② 愛知東邦大学の地域連携活動の実績と課題 (名東区との関わりの未来)

士の人的ネットワークの形成・拡充や、地域社会や他大学との官民学連携・学学連携の契機となることであった。つまり、「学生ミーティング」そのものだけでなく、その取り組みの事前事後のプロセスを通じて、地域社会への関心を持ち、かつ積極的に地域とかかわろうとする（大学生に限らない）人材の発掘育成であり、そのフィールドも名東区に限定すべきではないというものであった。

　3 年度目の「学生ミーティング」は、愛知淑徳大学、椙山女学園大学、愛知みずほ大学、岐阜経済大学の学生と教員のみならず、地元である平和が丘学区の方々の参画を得ることができ、愛知東邦大学と名東区がプロデュースする、地域連携活動

のひとつの結論的な「学生ミーティング」の開催となった（写真4-6、4-7）。

2　大学の地域社会への貢献活動について

　愛知東邦大学では、大学の運営方針のひとつとして、"学びと成長の場を地域に拡げ、地域の活性化に貢献する"と大学ホームページにて宣言しており、名東区唯一の大学として、主たる活動地域を名東区とし、地域連携活動の拠点となる地域連携センターを設置している。地域連携センターの主たる機能は下記の5つである
　①地域連携活動に関する学内外の相談窓口（コンタクト機能）
　②地域連携活動に関する外部との連絡、情報発信、調整（メディア機能）
　③ボランティア活動支援
　④愛知東邦大学における地域連携活動の情報収集（インテリジェンス機能）
　⑤地域の生涯学習支援活動（愛知東邦大学コミュニティカレッジの運営）
　名古屋市名東区の他に、名古屋市との防犯協定、日進市との連携協定、沖縄県読谷村とのUターンプログラムを実施している。前述のように地域連携センターが直接に関与していない活動も多数行われており、年間20以上を超える地域連携プロジェクトを通じて"地域に貢献する人材"を育成している。
　ここで、名東区が当初設計した「学生ミーティング」「子どもミーティング」の役割と位置づけを再確認したい（図4-1）。
　名東区はいわゆるタウンミーティング形式によって"市民の声"を区政に反映させる「区民ミーティング」を2010（平成22）年度から先駆的に実施している行政組織である。ここで聴取された意見は、区民会議で報告され、やがて区の将来ビジョンへ収斂され、「ナデシコプラン」として一般区民に公開されている。こうした市民意見の聴取対象を大学生や子どもに拡大したのが「学生ミーティング」であり、「子どもミーティング」である。愛知東邦大学は、前者は2016年度から、後者は2017年度から企画運営に携わっている（写真4-8、4-9）。
　「学生ミーティング」への取り組みが検討された2016年当時は、地域連携センターも存在せず、大学各部署がそれぞれの連携活動を独自に行っており、"誰が""何を""誰に"対して行っているかを気にするものがいなかったが、名東区との包括連携協定を結ぶ契機となったのは、学生の自治組織「学生会」や部活動・サークル活動の地域連携活動がすでに多数かつ活発に実践されていたからに他ならない。「真に信頼して事を任せうる人格の育成」を建学の精神とする愛知東邦大学では、地域

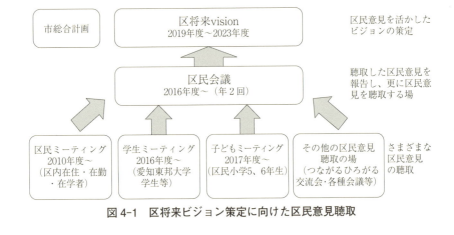

図4-1　区将来ビジョン策定に向けた区民意見聴取

写真4-8　「平成29年度子ども
　　　　　ミーティング」

写真4-9　「平成30年度区民
　　　　　ミーティング」

連携活動はある意味"自明の理"であったが、多様化する地域の教育ニーズを理解しつつ、新たな体系系的なプログラムとしての再構成が必要であった。

Ⅲ　学生の学習成果と満足度

　「学生ミーティング」の企画・運営にあたる「東邦プロジェクト」の履修対象学年は1・2年生が中心であり、ほとんどの学生がイベントをプロデュースした経験がないばかりか、地域社会との本格的に関わった経験もない。履修生の一部の3・4年生が自然にプロジェクトをリードすることになる。当初は履修生の多くが、上

第 4 章 「名東区学生ミーティング」の展開と課題

写真 4-10　グループ発表を
積極的に行う 1 年生

写真 4-11　地域と連携した授業・活動発表会にてプレゼンを行う 1 年生グループ

級生を含めて名東区の期待に応えたいというより、PBL 科目の単位を取得したいというのが本音であり、各自がそれぞれの役割や責任を自覚し、チームワークにて相互に補いあうというような雰囲気は全くなかった。初年度の学生ミーティング運営において学生のモチベーションは個人的な単位取得のみであり、プロジェクト全体としての成果や大学としての評判獲得といった意識は皆無の状態であったのである。こうした状態の学生の意識を変化させ、徐々に楽しもうという雰囲気の変わる契機となったのは、プロジェクト全体を企業にたとえ、CEO や CFO など企業の役職を与え、各自がなすべき仕事をゲーム感覚で主体的に考えるように仕向けたことにあった。この結果、「学生ミーティング」の運営を学生中心に行い得るまでになったが、一方でテーマ討議に関する興味関心は深まらず、実のあるディスカッションまでにはいたらなかったのが残念である。

　2 年目では、何をどう討議すれば参加者が意見を言いやすく、活発な討議が行え

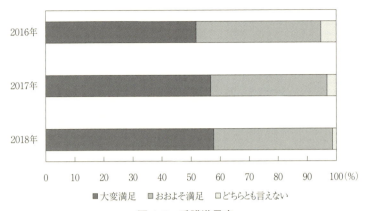

図 4-2　受講満足度

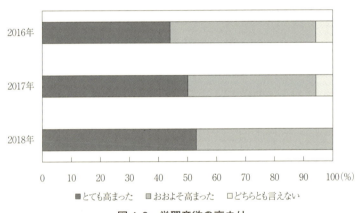

図 4-3　学習意欲の高まり

るのかについて、学生自身に考えさせ、他大学や高校生をどう迎えるべきなのか、徹底的に考えさせた。その結果として抽出されたアイデアは、テーマに関する情報をアンケートによって集め、論点を絞り込むことで、意見を出しやすくするというものであった。そのため単にイベントをプロデュースするだけでなく、テーマに関する仮説の抽出、それを実証する調査設計など、深く思考することの重要性、説得力のある意見とはどういうものかを考える機会につながった。論理的な思考と感性の両立の重要性を自覚させるPBLへ、学生自らが切り開いてゆくようになったの

である。一方で、キャリアとして公務員を志向する学生にとって、名東区役所の業務にも関心が高まり、区役所職員との接触を通じてプロの公務員の仕事内容を学ぶ機会として、積極的に交流を求める学生が出現し始める。また、愛知淑徳大学生や東邦高等学校生の参加は、自他比較の機会を与える結果となった。

こうした体験は、学生の自己認識を深めるだけでなく、自己認識を深めた学生の表現力を強化することにつながってゆく（写真4-10、4-11）。

自らの活動成果を総括し、今後の抱負を語るに至った1年生は2年生になってから、それぞれの活躍のフィールドを拡げ、自ら主体性をもって新たな挑戦にチャレンジしてゆくのである。

ここで、東邦プロジェクトの履修生による授業評価アンケートの3ヵ年の推移をみると、受講満足度では、いずれも高い満足度を示しており、かつ時系列的に満足度の向上がみてとれる（図4-2）。また、受講後の学習意欲の高まりについても連続して高い傾向が継続している（図4-3）。自由記述コメントでは、2016年では仕事配分に不公平な部分があったなどのネガティブ記載も散見したが、2017年では普段できない体験、上級生と一緒に活動できた、下級生に指導ができたという記述が目立った。2018年度のコメントでは、個人の経験値が向上した、学生時代にやるべきテーマがみつかったなどが見られた。

Ⅳ　外部連携PBLの可能性と教職員の運営課題

複数回の「学生ミーティング」の実施を得て、PBL型授業には無限の可能性があると感じた。21世紀はグローバリゼーション、IoTやAI、バイオテクノロジーなどの新技術が進展し、第4次産業革命やソサエティ5.0時代の到来などと予測されている。こうした大変革の時代では、表層的な知識や常識ではビジネス社会で生き残ることは難しく、生き残ったとしても、より高次のビジネスエリートに支配される可能性を否定できない。自らの思考力と判断力、人間理解に基づく協調性や公共意識は欠かせないと考えられる。そうしたスキルや人間力のベースになるのが、自己認識力と環境認識力であろう。社会を知り自らを知る人物は表現力を向上させる。自己実現に向けた説得力や表現力が増加できれば、人々に構想を述べることにつながり、次世代ビジネスのリーダーたる資質を獲得することができる。PBL型授業の可能性とは、学生に"何に""どう取り組ませるか"ではなく、"己とは何

者"で"この社会"をどうしたいのかを"表現させる"ことで、学生の大きな成長を顕現させることである。

　外部組織や団体との連携活動は、ややもすれば大人の論理で、表層的や形式的な成果を求めがちになりやすい。また、授業秩序維持や教員のコントロールを最優先して、プロジェクトの推進のみに注力し、学生の学びに制限をかけていないだろうか。「名東区学生ミーティング」は毎年少しずつの改善を通じて、そうした弊害に気付き、質的な変化を遂げた。今後も学生が新たな境地を開拓してくれる題材になることが期待できるだけでなく、地域社会を活性化させる人材を育成するテーマであり続けると考えられる。大学の教職員はより大きな視点で、野心的な教育成果の獲得を目指す必要がある。予定調和的な体験機会の提供では、小さな成果を目指す人材しか育成できないかもしれない。だが必ずしもサプライズ的な体験を目指す必要はない。継続は力である。大きなビジョンを追求しつつも着実な一歩を目指す姿勢が肝要である。同時にPBL型授業を実践し、チャレンジした教職員を評価育成する経営組織や制度を構築してゆく必要がある。担当科目や研究領域での経歴重視といった従来の大学教員の評価基軸だけでなく、新たな教育手法を実践する教員を採用育成することの重要性は論をまたないのではないだろうか。

第Ⅱ部

地域を担う若者を育てる

プロローグ　地域を担う若者を育てる
──「東邦プロジェクト」からのアプローチ

深谷　和広

　愛知東邦大学は2015（平成27）年度から名古屋市名東区包括的連携協定を結びました。名東区とはこれまでも様々なイベントの運営で連携してきました。これまでの名東区との結びつきを背景として「東邦プロジェクト」科目において教育活動として「学生ミーティング」は誕生させました。

　当初はどのように「学生ミーティング」を実現するのかについて、2つの重要な論点がありました。主体となる学生をどのように募るのか、また教職員のだれがどのように学生にアサインメントを課すのかの点でした。大学として議論し、PBL（Problem Based Learnirg）型授業の一つの課題として、外部組織や地域社会との連携をベースとする全学共通科目の開講科目として取り組むことを決定しました。これまでに「東邦プロジェクト」で3年間の教育実践活動を行ってきました。

　「学生ミーティング」の主目的は企画者・運営者・学生・地域社会が共有できる価値づくりを行うことにあります。具体的には、参加者同士の人的ネットワークの形成・拡充を行うこと、また地域社会や他大学との連携の契機とすることです。単に「学生ミーティング」のイベント企画・運営方法を学習するのみならず、その取り組みの事前事後のプロセスを通じて、地域社会への関心を持ち、積極的に地域とかかわる意識を持った人材の発掘・育成にこそその狙いがあります。当然、そのフィールドも名東区に限定するものではありません。愛知東邦大学として地域が求める人材とは何かを探求し、実践的な地域を担う若者を育てる重要な取り組みの一つです。

　「平成30年度名東区学生ミーティング」は愛知淑徳大学、椙山女学園大学、愛知みずほ大学、岐阜経済大学の5大学の学生・教員並びに地元の平和が丘学区の関係者の方々とこれまでにない幅広い人たちの参加を得ることができました。この取り組みを通じて、地域社会や大学間の連携の拡大に寄与し、地域社会と他の大学との連携の重要な契機となりました。

　第2部大学・地域の事例は「学生ミーティング」を通じて広がった学びの連携の

大きな成果です。この成果物である実践例の学びを通じて、さらに地域を担う若者を育てるという大学に課された重大なる使命を日々の教育活動を通じて実践していきたいと強く感じました。

第5章 「日本初の教育寮としての取り組み——TOHO Learning House」
（(株)ツシマリバイブ　阿比留大吉　代表取締役）
　阿比留氏の実践例は、TOHO Learning Houseにおける取り組みです。愛知東邦大学内でも、その詳細が伝わっていないのは「前代未聞の教育プログラム」であり、良い意味で常識を超えた活動が繰り広げられているからです。「現代のトキワ荘」プロジェクトともいえる取り組みは、地域を担う若者を育てる仕掛けとして、大変興味深いものでした。

第6章 「地方に位置する社会科学系大学における地域貢献活動」
（岐阜経済大学　河合晋　准教授）
　河合准教授の実践例は地域貢献を大学教育に積極的に位置づける取り組みです。岐阜経済大学は3つの役割「研究、教育、地域貢献」を掲げています。その一つ、地域貢献の大学教育へのポジティブな影響の視点は刺激的でした。最終節の「地域貢献活動を通じて地域に有為な人材を育成すること、その経験を通じて学生が成長し地域で活躍する人材となること、これこそが地域社会から信頼、支援される必要条件である。地方に位置する社会科学系大学における地域貢献活動の意義は、地域経済の発展または存続のためであり、大学自身のためでもある」の指摘はまったく同感です。

第7章 「経済・経営系学部における地域連携による学びの意義」
（椙山女学園大学　水野英雄　准教授）
　水野教授の実践例は学生が主役となって社会の求める人材になろうとする取り組みです。この実践の中心となる部分は産学連携による「現地現物」の学びの視点です。大学の学部教育として、1年生の「デパ地下マップ」、2年生の「お菓子総選挙」の事例や2・3年生ゼミの取り組みとしてより大きな地域との連携の取り組みは具体的で示唆に富む内容でした。

第 8 章 「基本的なマナーを通じた地域が求める人材育成の教育事例」
（名古屋女子大学短期大学部　上野真由美　講師）

　上野講師の実践例は、地域とかかわる際に重視すべき態度・振る舞い・礼儀などの「基本的なマナーの大切さ」の学びです。「地域とかかわるマナー」をキーワードにプレゼンテーションの課題に取り組むことで単なる知識・技術の学習から主体的な学習（アクティブラーニング）へ進化した実践例として大変興味深いものです。ここでも主体的な学習の契機として他大学・地域との連携によるポジティブな面を感じられました。

第 9 章 「地域連携型 PBL 活動における社会的認知度向上に関わる仕組み──地域伝統産品のブランド価値向上を目的として」
（金沢星稜大学　奥村実樹　准教授）

第 10 章 「石川県白山市における地域連携ゼミナール活動」
（金城大学短期大学部　若月博延　准教授）

　2018 年の夏、「東邦プロジェクト D」（手嶋准教授担当）の活動の一環「プロジェクトから学ぶプロジェクト」として、北陸地方を中心に学生によるインタビュー調査が行われ、学生目線でのインタビュー記事がまとめられました。インタビューを行った学生は、私のゼミ生（岩田将宏、勝田良哉、倉又怜）でもあり大変お世話になりました。

　インタビュー記事の中での学生の言葉を借りると「大学オリジナルの芋焼酎で地域の課題を解決する男」である奥村准教授には第 9 章を、同じく「白山市に大きく貢献する英雄！」である若月准教授には第 10 章をご担当いただき、各先生ご自身の視点からご執筆いただきました。

　以上が第 II 部を構成する各章です。論者それぞれの切り口があると同時に、共通項も見いだせるように思います。

第5章　日本初の教育寮としての取り組み
——TOHO Learning House

阿比留　大吉

Ⅰ　ゲストハウスを自主運営する学生寮

　TOHO Learning House（以下、ラーニングハウス）は2016年度にオープンした日本初の教育寮である。

　これは寮に併設されたゲストハウスについて、寮に住む大学生が"住みながらにしてゲストハウスを自主運営する"という前代未聞の教育プログラムである。2016年度には「やるばい九州」という熊本地震支援活動をきっかけに多くのメディアへ露出し、2017年度は「東邦プロジェクト」の開講、名古屋大学の短期日本語プログラムNUSTEPとの提携、そして当ゲストハウスが人気の宿泊施設としてBooking.comのGuest Review Awardsを8.5という高評価で受賞した。2018年4月には寮生が17名に増え、認知症カフェ「とーほーカフェ」という社会福祉に関する活動にも手を広げた。加えて寮活動に参加する学生で構成されるサークル「地域活性化部」も動き始めている。

　現在では、ゲストハウス運営を毎日行い、ミーティングは長期休暇を除いて週に1回、イベントは平均して月に2回ほど開催しているが、そのほとんどは寮生の自主運営という形で成立している。この寄稿では、地域を担う人材育成にいかに寄与しているのかということを、寮のオープン時から今までの経緯を踏まえてラーニングハウスという装置が持つポテンシャルとその展望について考察する。

Ⅱ　寮活動に寮生が関わる理由

　この施設は、共同生活やゲストハウスを通して共依存的に生活を送り、商売をすることでコミュニケーション能力の向上や経営の実践を学ぶことができるというコンセプトのもとに造られた。初年度はゲストハウスについて旅館業法の許可取得が

遅れており、オープンした後も様々な制約の上で運営を行ってきた。初年度の寮生は活発な印象で、新しい環境や綺麗な施設に嬉々としている状態であった。入寮式の日、彼らに入寮した理由を聞いてみた。すると皆口を揃えて「安いから」という答えが返ってきた。当然ゲストハウスを自主運営すること自体に興味があるわけではない。この状況を打開するために私は一人一人に将来の職業や夢を聞いてみると彼らは口々に、「お金持ちになりたい」、「スポーツトレーナーになりたい」など話し始め、卒業後の目標を知ることとなった。

　彼らはそのような漠然とした将来の目標を実現するステップとして大学に進学し、そして遠方から通うよりも安いからこの寮に入ってきていた。まずはこの寮活動を認知し希望して入寮した学生ではないことから、一人一人の将来と寮の接点を作り、大きく言うと彼らの夢を実現に向かわせるストーリーの上で寮を位置付けること、目の前の話としては少なくとも彼らの役に立つコンテンツを提供することができないと活動にも参加してもらえないと感じた。寮費が安いとはいえ、学費の一部を自分で支払っているなど複数のアルバイトをこなさないと生活がままならない状況の寮生も一定数いたことから、活動に参加するほど経済的・時間的余裕がない状況であった。

　これを踏まえて、まずはこの寮のコンセプトを「夢をかなえる学生寮」と大々的に謳うこと、そして祭りなどの出店やイベントを通して目の前のお金を稼ぐことを大きな方針として彼らが寮活動に参加するきっかけを作った。1日活動に参加すれば1日のアルバイト代程度のお金が稼げる状況を作ることで彼らの生活の負担を減らし、ミーティングでは活動によって一人一人が関わるべき接点はどこなのか明示すること、そして身につくスキルや考え方が彼らの将来の目標にいかに紐付いているのかということを説き続け、初期のラーニングハウスの風潮を作っていった。初年度のミッションは日本初の教育寮としての実績作りということで過酷な日々が続いたが、初代寮長である葛岡をはじめとした初期のメンバーはこれを乗り越え非常に逞しく成長した。

　寮生にとって活動に参加するということはイベント的ではなく日常的な性質が強いため、生活に大きな影響を及ぼす。部活という形を目指したとしても一般的な認識外の企画なので、部活らしいノリを実現するまでには遠い道のりになるだろうし、この類の日常的なプロジェクトに参加することに関して、寮生が"べき論"では動かないということは重大な事実だった。入寮生7名中3月末の時点での退寮者

写真 5-1　寮生募集リーフレット

が 4 名、活動に参加する寮生は 2 名にまで減った。主な原因は共同生活上のトラブルに耐えられず、人数も少ないことから仲が悪くなり退寮するというケースが最も多く、他は退学や休学に伴って退寮していくケースだった。

この 1 年間の成果は、共同生活の課題解決やプロジェクトを進めていくためのミーティングの定着、寮をフィールドとしたイベント開催の仕組み作り、ゲストハウスの開業を含め寮生による運営を一通り可能な状況にしたことである。それをもとに活動実績を写真として見ることができるリーフレットを作成し、新寮生の募集に臨んだ。ここでの募集方針、セールスコピーは前述した「夢をかなえる学生寮」だった（写真5-1）。荒削りながらも教育寮としての大まかな輪郭が見えた一年であった。

Ⅲ　住みながら共に働くという文化

2017 年になると本学と読谷村との教育提携である U ターンシップ生で村長推薦である島袋を始めとした寮生が 3 名が入寮した。この時点で寮活動の参加者は寮生以外の学生を含めて 5 名になっていた。2016 年度と同様の活動は行いながらも起きた変化が 3 つある。それはゲストハウスの本格稼働を行ったこと、寮の運営管理責任者である私を本学の非常勤講師として起用していただいたこと、そして名古屋

大学との提携による留学生の受け入れが開始したことだ。さらに手嶋先生をはじめとした先生方からお声がけいただき、学内外での事例報告や講評をいただく機会が増加した。

　初年度にゲストハウスの創業にあたって、人材不足で多くの戦力が必要だったことから、彼らの協力を仰ぎ開業する必要に迫られていた。そこで「市場分析やサービス構築、マネジメントなどを行う必要があるのだが、どれくらいの知識と経験があるのか？」と寮生に聞いたところ、即戦力としては壊滅的な状態だった。そこでまずは一番手軽に実現できそうな"小さなイベント"の企画実行を通して調査、企画、集客、実行を行い、ゲストハウスを開業できる程度の考え方や感覚をつかむための提案を行った。それに先立ち、"アントレプレナーレクチャー"と銘打って企画やプロジェクトマネジメントの基礎について寮内やL棟4Aフロアで教え始めた。これが転じて2017年度から学内で非常勤講師として起用していただくきっかけとなった。この講義を契機に寮生外で寮活動に参加する学生も少しずつ増加した。

　ゲストハウスの稼働について、学内では不特定多数の人を受け入れることにあたって懸念が大きく、現場との認識の違いもあった。特に初年度の暮れから2年目にかけては多くの議論を通して現在のように運営することができる状況へ少しずつ変化していった。このプロジェクトを請け負う上で最も重要度の高い仕事は"ゲストハウスを自主運営する学生寮"というものを寮生の視点で翻訳し、"寮生に長期的なメリットがある生活環境を構築すること"だったのだが、次の大きな課題は不動産自体の収益だった。学内で寮に対して不採算事業としての認識があったと聞いていたので、この寮を収益化することは急務だと思い、これに私や寮生といったラーニングハウスのエネルギーを集中させていった。

　初年度に本学との関係がある宿泊施設の協力のもとでオペレーションの作り込みを行ったが、実際に稼働率が高い状態での対応は業務形態としてはまだまだ甘いものだった。3月にまずはAirbnbから集客を行い、4月、5月と月を経て約10件ほどのOTA業者（オンラインの宿泊客送客サービス）との契約を結び、広告手数料やリネンの仕入れなど収益化とコストバランスを判断していった。その後、毎日営業を行うようになり、約1年間をかけてオペレーションを洗練させていった。年度末には結果的にBooking.comから賞をいただいたり、NHKの生放送をはじめとした取材オファーをいただいたりとメディアへの露出が増加した（写真5-2）。

　もう一つ大きなトピックとしては名古屋大学短期日本語プログラムである

写真 5-2　Guest Review Awards 2017 受賞

写真 5-3　NUSTEP 日本語ボランティアの様子

NUSTEP の受け入れ先としてラーニングハウスを活用していただいたことである。これは 2 週間の間ゲストハウスを貸し切りにし、名古屋大学に留学に訪れる留学生と交流するという機会である。寮生にとっては友達が増えるといったことだけではなく、世界トップレベルの大学に在籍する同世代の生活の様子に触れる機会となった。言語や文化の違い、専攻の違いに触発される寮生は多く、多文化共生という視点では非常に意義のある体験となった。このプログラムは現在年に 2 回程実施されており、寮生の意識に大きな変化を促す重要な機会となっている（写真 5-3）。

　2017 年度の取り組みで成果を出したことは、ゲストハウスを自主運営する学生寮としての大まかな枠組みをある程度完成させたことであった。ミーティングやイベント、レクチャー、日々のゲストハウスの運営など当初想定されていたラーニングハウスのコンセプトをほぼ実装したことである。ゲストハウスの収益化に踏み込んだことで不採算事業にならないようにしつつ、この収益化のプロセスを学習コンテンツにしてしまうという形が見えてきた年だった。収益としての目処が立ち、上限が見えるまでにはまだ数年かかりそうだったが、オーバーブッキングやある期間の営業停止など様々な事態収拾を通して組織の経験値を蓄積していった一年でもあった。住みながら共に働くという習慣ができ、実質は評価できないが装置として榊学長がおっしゃる「現代のトキワ荘」と言っても嘘ではない状況に近づいていた。

IV　長期的に成立し得る学生組織を目指して

　2018 年度の 4 月の時点では 1 年生が 8 名、3 年生の留学生 3 名の計 11 名の寮生

が入寮し、全寮生は17名、寮活動に参加する学生を含めると20名を超える大所帯になってしまった。これまで目が届いていた部分に目が届かなくなり、一人当たりのコミュニケーションの頻度が下がることによって弊害が起こる可能性が出てきたのだ。今まで寮を引っ張ってきた先輩達と後輩が円滑に活動を行っていく仕組み作りのために様々なアイデアを出し合った。2018年度の大きな変化は認知症カフェという社会福祉活動を本格的に開始したこと、そして後輩の研修やリーダーシップ育成の仕組み作りを行ったこと、そしてゲストハウスの経営改革の仕組み作りに取り掛かったことだった。

　認知症カフェという認知症に関心がある方が集い、コミュニティの形成や情報交換を行う場というものがあり、それをラーニングハウスの施設を利用して行いたいという話が当初の提案だったと記憶している。その打ち合わせを経て、寮生から「新しいカフェを作りたい」との声が上がり、二度目の開催からは寮生が主体となって行うこととなった。最初の企画は認知症カフェの一般的な課題として、男性の利用が少ないという事実を取り上げ、男性が来やすい認知症カフェを麻雀や将棋などのボードゲームを通して集客していく企画を行い、狙い通り男性の集客を定着させることができた（写真5-4）。社会福祉的活動が多くのボランティアによって成立している構造というのは社会が豊かである証のように見えるが、小さなことでもそのような形に一石を投じるような挑戦ができれば、福祉を取り巻く社会課題について更なる興味や関心を引き起こせるものだとも考えられる。この活動は年に4回各季で行っており、毎回様々な改善を経て地域に根ざすカフェを目指している。

　ゲストハウスの運営に関して、これまでには想定できなかったことが起きた。ゲストハウスを自主運営するといっても実際にシフトに入るべき合理的な総数は決まっており、スタッフが昨年比の約3倍になったことで一人当たりのゲストハウス運営に当てられる時間が減少した。以前は週に一人当たり4回程シフトに入ることができていたのに、今ではそれが週に1回しか入れないような状況に変化した。これによりサービスの質が下がり、変化し続けるオペレーションに対して共有や徹底が困難になってきたのだ。2017年度と比較して6月、7月に口コミの評価は下がり、8月から横ばいになり12月末に上昇トレンドへと変化していった。

　年間を通して実践してきたことは、4月や5月までは新寮生の研修を行い、運営の経験を積んできた先輩と初心者である1年生が一緒に運営を行った。そして6月から1年生が一人でも運営を行うことができるようにシフトを切り替えた。同時期

写真 5-4　認知症カフェで麻雀を楽しむ男性達

写真 5-5　ロールプレイングの様子

に口コミの評価が落ちたこともあり"ロールプレイング"という仕組みを導入して英語接客や売上管理の全てを定期的に確認し、指摘し合い改善していくということを試みた（写真 5-5）。しかし、年の近い隣人から自分の落ち度を表現されることを許容できない人は一定数存在し、結果的にはゲストハウス運営への参加頻度に濃淡が出てきた。これには慎重な配慮が必要だった。運営には時給を支払っているのだが、他のアルバイトと掛け持ちする寮生が半数程度はいること、そしてそのまま他のアルバイトに流れる寮生も出てきた。現在は寮生の関わり具合に差があるものの、様々な挑戦を通して業績は回復し安定してきている。

　ゲストハウスの経営改革の仕組み作りのために取り掛かったことと言えば、後期から各月で損益計算を出すこと、価格設定の裁量を与えて増収を行うことを始めた。これを踏まえ寮生とは、「売上が下がった原因は都市の需給トレンドなどの外的要因なのか、それとも内的要因なのか？　どうすれば外的要因に影響を受けにくい強い施設を作ることができるのか？」というような声かけを行っている。次年度からはこれを発展させ、アメニティの定期的な刷新や新プランの販売、イールドマネジメントやリピート客を増加させる KPI の策定などを行い経営の実践に近づくことができればアルバイト以上の実務経験をこのゲストハウスに実装することができると考えている。ゲストハウスに関する事実を述べると、年商に関して 2016 年度は約 35 万円、2017 年度は約 920 万円、2018 年度は約 1,300 万円（見込み）と前年度比でも 41% の増加傾向にあり、2018 年度の延宿泊者数は 4,800 名以上である（図 5-1）。Booking.com からの Guest Review Awards の受賞も 2 年連続で達成した。立地が悪い郊外のゲストハウスとしての宿泊費の収益は上限が見えてきており、学習のために様々なことを画策はしているものの、収益に対してはあまり効果を発揮しないだろう。

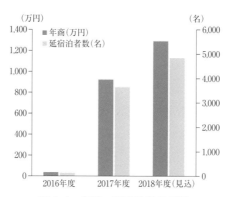

図 5-1　年商・延宿泊者の推移

さらにこの年は寮長が変わるという変化があった。人数が約3倍へと増え、リーダーが変わるということは組織として長期的に維持が可能な仕組みを整えないといけないということである。これまでのノウハウをいかに可視化し具体的な仕組みに落とし込むことができるかというリーダーシップの要件を項目立てる必要が出てきた。7名程度の小さなチームで成立することが20名を超える組織に同様に通用するとは言えない。寮長の最も大きな役割は、それぞれの興味関心や将来の目標と寮活動との接点を作ることなのだが、目の前の活動をこなすことに精一杯になってしまい、活動を行うことが目的化してしまう局面もあった。このような変化に対応できるような仕組み作りを行うことが2018年度の大きなテーマであった。この課題を解くことができれば仕掛け人の力量を問わず、長期的に成立し得る学生組織を作ることができるのではないだろうか。

V　ラーニングハウスが地域にもたらすもの

2018年度の失敗は「夢を叶える学生寮」というものを新寮生に期待させてしまったことだ。誰かが自分の将来のために何かをやってくれると潜在的に意識させるメッセージとして伝わってしまったことが、後から生まれる寮生間のモチベーション格差の原因の一つとなっていた。2018年度の入寮式の後、改めてこの寮活動のキーワードを「研鑽」や「道場」と表現し始めたことはこれに対する危惧であった。一人一人に寄り添った動機付けを行う一方で、サービス受益者精神は牽制しな

写真 5-6 地域活性化部の様子

写真 5-7 地域の餅つき大会

写真 5-8 ゲストハウスを自主運営する寮生達

ければならない。特にそれぞれのやりたいことに関して、"自分から動かなければ何も変わらない"という世の理を理解してもらうことは自主運営を成立させるためだけではなく、それぞれの自律を促す根本的なスタンスとして非常に重要な要素である。

寮生を増やすことは大きな目標であるが、売り方にはメリットばかりではなく、そのメリットを獲得する道のりには道場のような辛さが伴うことを表現すべきであったのだ。

組織内に目を向けた際に感じる長期的課題は、コンテンツの教育価値を活動に対する動機付けの精度で測ること、そして寮生の学習成果をそれぞれの知的好奇心やモチベーションの向上度で測ることである。その2つの指標をもってファシリテー

トすることができれば現在感覚的に行っているコミュニケーションの方向や度合いをある程度は可視化し定量化することができるのではないかと考えている。

　ゲストハウス、認知症カフェ、祭りへの出店も同様に、地域をフィールドとした活動を寮生が自分の目標のために活用するという組織がこのラーニングハウスの実態である。一人一人の興味関心に基づいた何かと、専攻を問わない汎用性の高い能力（企画実行力やマネジメント能力など）を伸ばすことができるポテンシャルがこの活動にはある。2017年の末には、寮生の息抜きと寮外の学生を引き込むのための機能としてサークル「地域活性化部」の提案が地域連携報告会で発表された（写真5-6）。過信や美化を恐れずに表現すると、今後ラーニングハウスは共に生活し、働き、遊び、学ぶということを機能として包含した新しい大学生活のあり方と言えるものへと昇華させることができるのではないだろうか。

　地域を活動のフィールドと位置付ける一方で、地域を"担う"という意識や価値観を醸成することに自覚的かというと必ずしもそうとは言えない。Uターンシップという制度で入寮した島袋は地方創生に興味があり、将来は地元に役立つ人材となることを夢見ている。地域というような一見漠然とした概念を自分と関連させるためには分野横断的な学習や抽象度を行き来する翻訳が必要となる。無自覚な寮生もいるかも知れないが、この寮活動は地域と切っても切れない関係にあり、住むことから生業まで社会の一部である事実に変わりはない。各々が就職した後にどんな小さなことでも、地域を担っているという実感を得る瞬間があればこの寮が存在する意味はあるのではないだろうか。それは自分の仕事が地域社会に少なからず影響を与えているということを感じられるセンスであり、私はそれを磨く教養として様々な活動を行うこと、そしてそれらの意義を寮生活に浸透させることを目指している。寮生が卒業後に気付く伏線として寮生活を思い返し、地域社会について再考する機会を作ることにこのプロジェクトの面白さがあると私は考えている。

　ラーニングハウスが地域にもたらすものは祭りでの些細な賑わいや、ゲストハウスがあることによる近隣飲食店やコンビニへの小さな経済波及、そして認知症カフェを通した地域コミュニティの強化である（写真5-7）。地域社会について考えることと、地域の中に住み働くことは非連続であるためにその紐付けには何らかの工夫を要する。議論を巻き起こす余地のあるクリティカルな素材の片鱗が寮生の成長に寄与することを望むと同時に、地域により良い影響を与え続けられるような組織作りを継続して行っていきたい（写真5-8）。

第6章　地方に位置する社会科学系大学における地域貢献活動

河合　晋

I　はじめに

　岐阜経済大学（2019年度より「岐阜協立大学」に名称変更、以下「本学」と称す）は、1967年に公設民営の社会科学系大学として開学した当初から、大学組織全体として活発な地域貢献活動が行われている。その背景には、人材育成を含め地域に貢献する大学であることを期待されていたからだと思われる。第II節では、開学の経緯と地域貢献活動について言及する。各種の地域貢献活動を「地域連携推進センター」で集約していることや、経営学部情報メディア学科を例に、地域貢献活動が組織的に教育に落とし込まれていることを述べる。第III節では、「ソフトピア共同研究室」の地域貢献活動を紹介する。学外にオフィスとスタッフを配し、地域活性化やまちづくり活動など、学生と地域の継続的な連携が行われている。本稿では、岐阜県白川郷での「白川郷を巡覧できるスタンプラリーアプリケーションの開発」を取り上げる。第IV節では、地方に位置する社会科学系大学における地域貢献活動の意義について検討する。

II　開学の経緯と地域貢献活動

1　開学の経緯

　文部科学省の「学校基本調査」によると、2018年5月1日現在の大学数（学部）は756校、短期大学数は331校であり、学生数は大学（学部）が2,599,684名、短期大学は119,035名に上り、大学と短期大学を合わせた進学率は57.9％で過去最高を更新した。このように高等教育がユニバーサル化している今日であるが、本学の設立が検討された1965年の大学数は317校、学生数は937,556名で、大学進学率は12.8％に過ぎなかった。高度経済成長期の中で、産業の高度化や科学技術の発展

に伴い、高等教育における人材育成が急務となっていた。特に地方では大学が少なく、岐阜県内の大学に経済学部がなかったことから、将来の地元経済界の中堅として活躍する人材を育成すべく、社会科学系の大学設立の期待が高まった。そして1967年、地元自治体、産業界、教育界の支援を受けて、岐阜県下初の社会科学系大学として岐阜県大垣市に本学が設立された。

1981年に「地域経済研究所」を設置、1998年に「まちなか共同研究室マイスター倶楽部」、翌年に「ソフトピア共同研究室」を開設、2001年に「情報技術研究所（IT研究所）」、2003年に「地域連携推進センター」を設置、2011年には東日本大震災をきっかけに学生が行うボランティア活動を組織的に支援する「ボランティア・ラーニングセンター」を設置するなど、そもそも地域貢献が期待されて設立された経緯や、岐阜県西濃地域唯一の大学であることから、数多くの地域貢献活動の拠点が存在する。

2　地域連携推進センターでの集約

本学は、開学以来、岐阜県を中心に産業界、市民、NPO団体、行政機関と連携し、地域が求める事業を企画・実践してきた。その中で特にニーズが高い事業を組織化し、地域社会との連携による教育活動の推進を強化するため、「まちなか共同

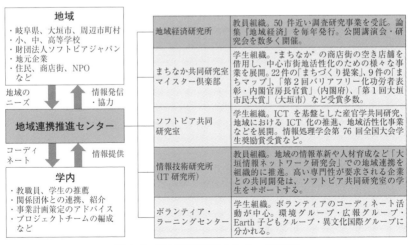

図6-1　地域連携推進センターの役割

表6-1　地域連携推進センターの5つのグループ

コミュニティ政策グループ
地方分権による国・県から市町村への権限移譲、市町村合併による大きな都市の誕生と小さな住民自治の充実等が要請される中で、自律したコミュニティを担う人材の養成と、行政と協働した市民参加のまちづくりの仕組みづくりなどを支援する。 ・市町村合併後の「地域自治組織」の形成を市民参加によりプログラム構築 ・地域の資源と人材を活用したコミュニティビジネスの起業支援 ・まちづくりを担う生涯学習事業の企画と実施
環境グループ
歴史・文化の日常的な事物の集積や地域特性のある環境の保全促進を目標とする。「ふるさと」への思い入れを今日的視点で確認し、それを前提とした「まちづくり」に応用する合意の場の形成を支援する。 ・西美濃を中心に「水都大学」といわれるような政策・教学の計画的実践 ・住民間の連携や住民と行政との連携による、自然との共生や実質的な環境保全による「まちづくり」の支援 ・学校や社会教育における地域特性を活かした環境教育の講座、シンポジウムなどの啓発事業開催
地域・人間スポーツグループ
地域づくりと人づくりにスポーツが果たせる役割の新たなスタンダードづくりを、大学の施設と人材（学生・教職員）を有効に活用して様々な角度から進め、地域社会のスポーツ環境の発展と充実に寄与する。 ・スポーツを通じた地域住民の健康づくりと、コミュニティづくりのための大学の拠点化 ・バリアフリー・スポーツイベント（多世代・障害者・多国籍の交流）の企画開催 ・スポーツボランティア養成と地域への紹介 ・地域スポーツクラブづくりへの各種サポート（人材の育成・紹介、設立支援等）
情報グループ
地域の情報化推進を支援する。そのために、ソフトピアジャパンとの連携を強化し、大学の情報教育をより良いものにすることにより、ITに優れた人材育成を推進することを目指す。 ・IT講習会の講師紹介、情報システム構築など、地域の情報化の支援 ・ソフトピア共同研究室を中心とした学生の活動による政策提案 ・共同研究、受託研究などによる産学連携や地域の活性化の支援
福祉グループ
コミュニティづくりによる地域福祉の推進を支援する。子ども達のための福祉教育や障害者・高齢者等が安心して暮らせるまちづくりなどに積極的に関わる。 ・地域福祉計画づくりの支援（審議会委員の推薦・住民コーディネート） ・社会福祉協議会による地域福祉活動の支援（学生ボランティアの紹介・講師の推薦・研修など） ・岐阜県主宰の「ふるさと福祉村」事業への協力・連携

研究室マイスター倶楽部」と「ソフトピア共同研究室」を開設し、中心市街地の活性化やまちづくり活動、小中高校の総合学習支援や産業界との連携による情報システム研究などに取り組んできた。これらは地域ニーズに迅速に対応するため、学外にオフィスとスタッフが配置された。このことが継続的に地域ニーズを汲み上げやすくした要因だと考えられる。

こうした活動は、産業界、教育界、行政機関から高く評価されたが、実質的運営機能が学外に存在したので、その専門性や迅速性が発揮される一方、複雑化する地域ニーズや情報を集約させて一体型の地域連携を行う必要性が生じてきた。そこで、周辺地域の産業界、市民、特定非営利活動法人（NPO法人）、行政機関との一層緊密な連携を果たし、地域社会に不可欠な高等教育機関として発展していく礎として、学内に「地域連携推進センター」を設置した。

同センターでは、教員の専門性を発揮して地域貢献できる体制を築くため、教員組織をコミュニティ政策グループ、環境グループ、地域・人間スポーツグループ、情報グループ、福祉グループの5グループに分けている。同センターが「地域経済研究所」・「まちなか共同研究室マイスター倶楽部」・「ソフトピア共同研究室」・「情報技術研究所（IT研究所）」・「ボランティア・ラーニングセンター」の組織を統括することで、地域の課題ごとに対応できる仕組みが構築されている（図6-1・表6-1）。

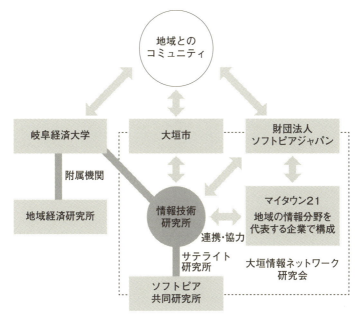

図6-2　情報メディア学科の地域貢献活動の枠組み
出所：岐阜経済大学ホームページ「情報技術研究所（IT研究所）」
https://www.gifu-keizai.ac.jp/universityarea/regionalsolidarity/institute_of_technology.html（2019年1月25日アクセス）

3　経営学部情報メディア学科と地域貢献活動

　経営学部情報メディア学科の学生で構成される「ソフトピア共同研究室」は、地元企業との共同研究やソフトウェア開発などを行う。ソフトピアジャパン（IT人材の育成、ベンチャー企業の育成、研究開発支援・技術支援などの支援を行う財団法人）と連携しているが、企業との共同開発は高い専門性が要求される。そこでIT分野における地域連携を組織的に推進するため、本学に設立された「情報技術研究所（IT研究所）」が学生をサポートする。本学の教職員に「ソフトピア共同研究室」の学生グループも加えた幅広いスタッフにより、地域の情報革新や人材育成を目的とした多くの研究を精力的に行っている。とりわけ、地元企業（マイタウン21）、大垣市、本学の「ソフトピア共同研究室」と「情報技術研究所（IT研究所）」の産官学連携により設立されたコンソーシアム「大垣情報ネットワーク研究会」が研究教育活動に取り組んでいる（図6-2）。

Ⅲ　ソフトピア共同研究室における学生の地域貢献活動

1　ソフトピア共同研究室

　「ソフトピア共同研究室」は、システム構築やソフトウェア開発を通じて、プロジェクトマネジメント手法を学び、実践的なスキルの向上を目指す学生組織である。また、協力企業へのインターンシップ参加、研究会や学会での成果報告を行うことで、創造的な人材育成が志向されている。この研究室は、24時間開放されているので、プロジェクト実施や成果報告の直前は、学生が泊まり込んで活動している。

　近年の地域貢献活動は、
①官学連携プロジェクト：特別支援教育におけるタブレット端末向け学習コンテンツ制作（情報処理学会第76回全国大会学生奨励賞受賞）
②元気ハツラツ市（大垣市商店街振興組合連合会主催）：「パソコン＆スマートフォン何でも相談屋」出展
③岐阜地域産学官連携交流：地域経済の活性化、地域の情報化に関する研究成果発表
④岐阜県北方町との産官学プロジェクト：スマートフォンアプリケーションによる疾病予防や健康の維持、増進に関する実践的研究および公式ホームページによる

情報発信ツールとして活用促進
⑤同志社大学、竹田設計工業と共同研究：音声認識や人工知能を用いた一人住まい高齢者の見守りに活用する住宅支援システムの開発

などである。本稿では、さらに岐阜県白川村「白川郷を巡覧できるスタンプラリーアプリケーションの開発」を取り上げる。

2　白川郷を巡覧できるスタンプラリーアプリケーションの開発

「ソフトピア共同研究室」は、情報メディアの活用による地域活性化を模索していた。2017年に岐阜県白川村から地域活性化の依頼があったことで、白川村、白川郷もりあげ隊、株式会社雄山商事、コカ・コーライーストジャパン株式会社との共同研究で地域貢献活動を始めた。この依頼のきっかけは、かつて「白川村荻町地区における観光行動と観光対象としての集落風景に関する研究」を行っていたからである。白川郷を訪れるツアー観光客223名への聞き取り調査の結果、ツアー観光客の白川郷平均滞在時間は2時間であり、合掌集落以外の観光スポットが埋もれてしまっていることを提言していた。学生たちは、アプリケーションを活用することで白川郷に長時間滞在してもらい、観光客に白川郷の魅力を隅々まで感じてもらうことを目指した。以下、学生報告をもとに2017年の白川郷での活動を示す。

（1）活動Ⅰ（2017年4月29日～5月7日：休暇中）の概要と結果および課題

　白川郷内にあるコカ・コーラの自動販売機にQRコードを設置し、観光客がスマートフォンのアプリケーションで読み取るとスタンプが取得でき（写真6-1）、5

写真6-1　アプリケーション画面

写真6-2
景品のキーホルダー

つのスタンプを取得すると、天守閣展望台に設置した交換所で景品（白川郷ゆるキャラ「しらかわ GO くん」アクリルキーホルダー）と交換できるようにした（写真 6-2）。スタンプラリーによって、白川郷の色んな観光スポットを回ってもらう試みであり、アプリケーション効果の実証実験でもある。

　アプリケーションダウンロード総数は 89 名で、コンプリートした方は 25 名であった。グッズがもらえて嬉しかった、アプリケーション画面が可愛かったなど好評であった。しかし、①QR コードによるスタンプ取得時の混雑、②自動販売機周辺のみの観光情報しか提供できていない、③アプリケーションが外国語に対応していない、④景品交換所が 1 箇所で場所も遠い、⑤白川村景観条例があり、当日のチラシ配布だけの活動告知しかできなかったという課題が抽出された。

（2）活動Ⅱ（2017 年 8 月 11 日～8 月 20 日：休暇中）の概要と結果および課題
　第 2 弾の活動では、①スムーズにスタンプを取得できるようにするため、iBeacon を導入し、QR コードを撮らずに自動販売機周辺でスタンプが取得できるようにする（写真 6-3）、②iBeacon 周辺で観光情報をポップアップ表示させ、幅広く観光スポットを宣伝する、③アプリケーションを英語対応させ、外国人観光客の方でも利用可能とする（写真 6-4）、④どこから始めても景品交換がしやすいように景品交換所を増設する（道の駅、駐車場付近を加えた 3 箇所）、⑤自作シールの配布、SNS を活用したイベント開催の情報発信を行い、白川村景観条例に対応した活動告知する（写真 6-5）という改善を図った。
　結果は、コンプリートした方が前回より多い 45 名であった。景品交換所の増設によりコンプリート数が増加したこと、外国人観光客の参加もあったことが結果

写真 6-3　iBeacon 受信範囲　　　写真 6-4　アプリケーションの英語対応

第 6 章　地方に位置する社会科学系大学における地域貢献活動　　　　73

しらかわ GO くんシール

写真 6-5　自作シール

写真 6-6　新聞記事
出所：『岐阜新聞』2017 年 8 月 14 日付、朝刊

に繋がった（写真6-6）。また、自作シールの配布による活動告知が好評で、アプリケーションのダウンロードへ繋がった。しかし、①景品交換所の営業時間が短く、景品交換できない観光客がいた、②景品交換に人員コストがかかるため、継続的なイベント開催ができない、③ダウンロード数の伸び悩みは、SNSでの情報発信と自作シール、チラシ配りだけでは活動告知として不十分であったという、プロジェクトマネジメントの課題が抽出された。

（3）活動Ⅲ（2018 年 11 月 24 日～11 月 25 日：学祭中）の概要と結果および課題

　第3弾の活動では、①スタンプラリーを継続的に実施させるため、景品交換をアプリケーション内で完結（自己完結型アプリケーションの実現）させるべく、景品をアクリルキーホルダーからアプリ内の写真撮影で使えるデジタルフォトフレームに変更する（写真6-7）、②SNSと当日の自作シール、チラシ配り以外に、ゆるキャラを活用して活動告知の幅を広げるという改善を図った。

　結果は、景品をデジタルフォトフレームに変更したことで、景品交換に人員を使うことなく、最後までアプリケーションを利用してもらえ、自己完結型のアプリケーションが実現できた。また、ゆるキャラ「しらかわGOくん」の着ぐるみを借用できたことで、家族連れなどの写真撮影からチラシ配布につながり、活動告知が効率よく行えた（写真6-8）。

　以上の「ソフトピア共同研究室」の活動は、ICTを基盤とした産官学の共同研

写真6-7　デジタルフォトフレーム

写真6-8　ゆるキャラの活用

究を基礎に、学生が主体となって地域貢献活動に繋げた典型的な例である。学生たちは、地域活性化という依頼者の期待に応えようと、白川郷に入る直前などは共同研究室に寝泊まりしていたと聞く。アプリケーション開発と現地での活動を通じ、マネジメント手法やマーケティング手法も積極的に学ぼうとしており、関係教員の研究室への訪問や文献調査などを積極的に行っている。現在は、インストリーム動画の有用性を検証するため、全国のPR動画を調査している。短い時間で伝えたい内容に印象を与え、本当に見てもらいたいホームページや紹介ページへ誘導することで、今後予定されている地域貢献活動を広く告知する準備を行っている。

2017年の地域貢献活動報告では、「スマートフォンのみで完結するのではなく、観光客とのコミュニケーションが必要であると分かった」とし、「情報メディアとぬくもりがあるコミュニケーションが一体となることで、地域の魅力をより感じてもらうことができる」とも結論付けている。今後の彼らの活動に期待したい。

Ⅳ　地方に位置する社会科学系大学における地域貢献活動の意義

地域創生が国の重要政策課題となっているが、地域を担う当事者は何も大学ではなく、第一義的には地域住民であり、地域行政である。若者が集う大学が地方にあると、それだけで地域貢献となる。学生たちは大学周辺で消費活動を行う。下宿生は大学近くにアパートを借り、スーパーで買い物をするなど、少なくとも4年間は

経済活動を行う消費者である。地方の大学で高等教育を受け、卒業後はその地で就職することも少なくない。地域住民にとっても、図書館など施設の利用や公開講演会に参加でき、災害時には避難場所として重要な拠点ともなる。

　2040年には今より100校以上の大学がなくなると言われている。そうした将来を憂いて大学の地域貢献が叫ばれているのであろうか。なぜ大学の地域貢献がこれほどまで重要とされるのか、検討してみる。

　細川政権以降の地方分権から現政権の地方創生に至るまで、「地方へ」という政治の流れがあった。その一方で、地方は人口減少や財政難という問題を抱え、さらに多様化・複雑化する住民ニーズへの対応に限界が生じている。そこで、従来からの理系大学が行う地域連携とは異なり、社会科学系大学に対し知的資源の移転や地域課題を解決する人材育成を求めたものと理解できる。この点、長田（2015）は、①高等教育としての大学教育の機会の提供、②地域を支える専門人材の育成、③大学の知的資源の地域社会への還元の3つを大学における地域貢献の位置づけとしている（p.18-19）。

　また、中塚・小田切（2016）によると、現状の地域連携は主体が多様化し、新しい連携として大学内部の学生が組み込まれ、その学生がかかわる連携もさらに多様化した「二重の多様性」（p.7）が存在しているとする。従来から理系分野でみられる産学地域連携ではなく、ほとんどの文系分野で地域連携が求められるのは、大学の特性が「若者の拠点」（p.6）であることを原理とする。新しい連携タイプは、①交流型、②価値発見型、③課題解決実践型、④知識共有型の順に主体の専門性は高まり、主として学生が主体としてかかわる連携は①～③としている（p.8）。地域が大学を教育機関や知の拠点として期待する他に、大学生自体の若さも地域連携の原理だとする指摘は興味深い。長田も、地域が大学から学問的知見に基づいたアドバイスを受ける際に、「実査の学生などが地域で活動することによって地域の賑わいの創出につながることもあるし、話題性を加える場合も存在する」（p.24）と述べている。

　地方の商店街がイベントをするにも若い人が集まらない現状を、当事者意識をもって学生と根本的に解決しようとするより、その地方にある大学の学生に手伝ってもらって、賑わいを持たせようとすることの方が通常である。もちろん、学生の若い視点を活用して、上記②の価値発見や上記③の課題解決実践を求めることもあるが、地域が（一部の大学を除く）学生に連携を求めるのは、上記①の交流型が実

のところほとんどである。それだけ、地方の人口構造の変化が著しいことに起因する地域貢献の形であるとも言える。

いずれにしても、大都市圏以外にある地方の大学や大都市圏の小規模大学は、今後学生募集競争で激しさを増す。綺麗ごとではなく、地方大学や小規模大学が地域から信頼されず地元進学率が低くなれば、その大学は淘汰されるであろう。また、地域自体が衰退しては、その地域で大学として存続できないであろう。地域ニーズを真摯に受け止め地域貢献することは、大学が生き残る手段である。本学の場合、地域貢献活動が組織的、全学的に教育に落とし込まれているのは、「ソフトピア共同研究室」など一部分である。本学開設の経緯に甘んじず、長年にわたる地域貢献活動の蓄積をさらに発展させて、大学を地域貢献ブランド化する努力をしないと、今後生き残ることはできない。地域貢献活動を通じて地域に有為な人材を育成すること、その経験を通じて学生が成長し地域で活躍する人材となること、これこそが地域社会から信頼、支援される必要条件である。地方に位置する社会科学系大学における地域貢献活動の意義は、地域経済の発展または存続のためであり、大学自身のためでもある。

【参考文献】
文部科学省（2018）「平成30年度学校基本調査」。
内閣府経済社会総合研究所（2017）「大学等の知と人材を活用した持続可能な地方の創生に関する研究会報告書」。
中塚雅也・小田切徳美（2016）「大学地域連携の実態と課題」『農村計画学会誌』第35巻第1号、pp.6-11。
長田進（2015）「地域貢献について大学が果たす役割についての一考察」『慶應義塾大学日吉紀要　社会科学』第26号、pp.17-28。
岐阜経済大学50年誌編集委員会（2017）『創立50周年記念誌』岐阜経済大学。
岐阜経済大学ホームページ　http://www.gifu-keizai.ac.jp（2019年1月25日アクセス）。
河合晋・湯瀬凛樹也（2018）「岐阜経済大学における地域貢献活動」平成30年度名東区学生ミーティング発表資料。
永井拓登・林伊緒・田中隼平（2018）「地域の活性化を目指した情報メディアの活用」第46回岐阜経済大学ゼミナール大会佐々木ゼミAチーム発表資料。

第7章　経済・経営系学部における地域連携による学びの意義

水野　英雄

I　経済・経営系学部の産学連携による「現地現物」の学び

1　地域の特性を活かした大学教育

　大学の立地は様々であり、その特徴を活かして大学独自の学習が可能である。学生にとって地元の身近な地域における学習は興味関心が高まり、かつ負担も少ない。地元の課題を解決する学習として取り組めば学生にとっては主体的な活動となり、大学にとっては地域への貢献となる。地域にとっては大学生である若者の活力によって地域を変えていく契機となる。

　椙山女学園大学は名古屋市東部の星ヶ丘に位置している。星ヶ丘は住宅地でありかつ商業施設が充実していることから、椙山女学園大学ではこれらの商業施設と連携した様々な取組を行っている。そのような商業施設に星ヶ丘三越がある。星ヶ丘三越は大学から徒歩5分程の距離にあるデパートで、学生は通学の途中で寄ることができ、アルバイトをする学生もいる。椙山女学園大学とは産学連携の取組としてお弁当などの商品企画やファッションショー等が行われてきた。

　本章では現代マネジメント学部の学生が学んでいる経済や経営の知識を活かした取組として学生に身近な食品売り場のお店の紹介である「デパ地下マップ」の作成とLINEによる「お菓子総選挙」について紹介し、その成果を考察する[1][2]。

2　経済・経営系学部における産学連携による学びの意義

　大学での学習は理論的な分析が中心であり、現実の社会に関心のある学生のニーズとの乖離がある。特に、経済学や経営学は理論が中心で難解とされる分野であり、現実の社会における経済や経営の動向に興味のある学生には抽象的な思考よりも具体的な事例を用いた方が理解しやすい。そのため経済や経営を学ぶ学生に、「現地現物」の精神で身近な地域の企業等との連携による学習を行っている。大学

で学んだ理論が実際の企業でどのように活かされているかを知ることは学習する意欲を高めることになる。また、学生にとって身近なものをテーマに課題を与えてそれを解決することで課題解決型の体験的な学習となり、受動的でなく能動的な活動の経験となる。

椙山女学園大学現代マネジメント学部はビジネスにおいてリーダーとなれる高いマネジメント力を持った人材の育成を目指している。そのために経営・会計を中心に経済、法律・政治などの社会科学の基礎を幅広く学習するとともに、企業や地域との連携によるプロジェクトによって積極的に社会と関わりながら体験的に学習することによって即戦力となる人材を養成している[3]。学生は就職を意識して企業のマネジメントや商品企画に興味のある学生が入学しており、理論だけでなく実際の現場を体験しながら学習したいという希望を持っている。

大学生になったばかりの1年生に課題としてオープンキャンパスで大学の魅力を伝える方法を考えさせたところ、「大学の近くにある星ヶ丘三越などの商業施設とのコラボができないか」という意見があった。そこで、星ヶ丘三越でデパ地下の調査を行い、「デパ地下マップ」を作成し、成果をオープンキャンパスの学生プレゼンテーションで発表するという取組を行った。女子大学生の視点での商品の斬新な紹介は2年次以降の商品開発等への発展性のある取組となり、「お菓子総選挙」を行うことができた。また、働き方のロールモデルとなる社員の方の活躍を知ることで、自らのキャリアプランについて考える機会にもなった。

II　星ヶ丘三越との産学連携による学び

1　デパ地下マップの作成[4]

椙山女学園大学現代マネジメント学部では2015年から2017年に1年生が星ヶ丘三越の調査とデパ地下マップの作成を行った。多くのデパートは都心の繁華街にあるが、星ヶ丘三越は住宅街の近くにあるため日常的に買い物をする食品売り場が非常に充実している。食に関する消費者の関心は高く、デパ地下の食品売り場はマスコミで取り上げられる機会は多い。デパ地下の食品売り場は学生にとって身近で関心が高く、扱いやすいテーマである。

デパ地下マップの作成のために6・7月に星ヶ丘三越の食品売り場の実地調査を行った。約180人の1年生のうち、2015年度は28人、2016年度は43人、2017年

度は52人の学生が参加した。参加した学生は希望者であったが多くの学生が自主的に参加しており、企業見学等の体験的な学習への関心の高さが示された。訪問では学生は店舗の特徴について説明を受けたのちに、①生鮮・グローサリー（食品雑貨・日用品）、②総菜、③菓子・ギフト・レストランの3グループに分かれて店頭での調査を行った。食品の鮮度を保つための工夫や購買意欲を増すための陳列の方法、商品の仕入れや入れ替えのタイミング、接客の方法等について学習した。

調査で学んだことを踏まえて、「星ヶ丘三越デパ地下マップ」を作成した（図7-1、図7-2）。A4サイズのチラシと展示用のパネルを作成し、チラシはオープンキャンパスの来場者に配布した。星ヶ丘三越のデパ地下が他のデパートとは違うことを地元の人以外に知ってもらいたいと考えて写真を多く使い、食レポも取り入れた。デパ地下マップの作成のために各個人から調査の記録を提出させ、生鮮・総菜・菓子ゾーンに分かれ担当を決めて取りまとめを行った。取りまとめをしていく上でさらに追加して必要な調査項目や写真があり、再度の調査を行った。実際の商品を購入して写真を撮影し、試食することで味や食感への理解を深めた。

作成したデパ地下マップは8月のオープンキャンパスの学生プレゼンテーションで「マネジメントでデパ地下の秘密を探る」をテーマに発表した。学生は多くのことを学んだためにその内容を全て来場者に知ってもらいたいと考えて詳細なパワーポイントを作成して発表したところ、内容が多すぎてうまく伝えることができなかった。そのため①一方通行の話し方を改め、聴衆が参加できるようにクイズ形式にする。②発表中は資料ばかり見るのではなく、来場者を見ながら発表する。③パワーポイントは伝えたい大事な部分に絞る。という改善を行って発表したところ、来場者からは「見やすくてわかりやすい」「発表の雰囲気がよかった」「1年生なのによくできている」「商品をあとで買ってみる」等の評価を得ることができた。星ヶ丘三越からはオープンキャンパスの帰りにデパ地下マップを持って食品売り場に来るお客様が多数あったことが伝えられ、学生は成果を実感することができた。

2　お菓子総選挙の実施

星ヶ丘三越は1974年に前身となるオリエンタル中村星ヶ丘店として開店した。開店から40年以上が経過したため顧客の高齢化が進み、また、若者のデパート離れが指摘されていることからも、若者の顧客を増やすことが課題となっている。そのため2018年にはデパ地下マップを発展させて、若者にデパートをより身近なも

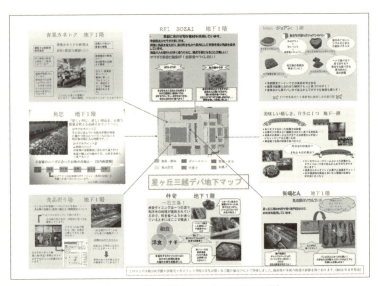

図7-1 デパ地下マップ（2015年版）

図7-2 デパ地下マップ（2016年版）

第 7 章　経済・経営系学部における地域連携による学びの意義

図 7-3　和菓子総選挙ポスター

図 7-4　洋菓子総選挙ポスター

のと考えてもらい、来店を増やすことを目標にゼミの 2・3 年生が食品売り場の人気のお菓子を紹介する「お菓子総選挙」を実施した。

「お菓子総選挙」は水野ゼミの 3 年生 17 人が和菓子を、2 年生 15 人が洋菓子を担当した。5 月に星ヶ丘三越の食品売り場で商品の魅力や販売方法の工夫について実地調査を行った。それを踏まえて 6・7 月に和菓子を 7 品、洋菓子を 6 品選び、グループに分かれて商品の紹介のための写真撮影と紹介文を考えた。スマートフォンを使っての撮影ではお菓子をより一層美味しく見せるために商品の置き方や背景、照明の当て方、食器への盛り付け方を工夫した。その後の試食では味や食感等を確認し、紹介文を考えた。学生目線での斬新な紹介文になるように、ポップなキャッチコピーや具体的にイメージできるように伝えるための文章について熱心に打合せを行った。

「お菓子総選挙」は 7 月に和菓子、8 月に洋菓子について LINE での紹介と店頭でのポスター展示を行った（図 7-3、図 7-4）。また、ゼミのツイッターでも投票を呼び掛けた。投票は LINE で行い、約 1 週間の投票期間に和菓子 1,021 人、洋菓子 1,029 人の投票があった。

この取組で多くの投票を得られたことや商品を紹介した企業からお礼の手紙や

メールを頂いたことで、学生は成果を実感し、充実感を得ることができた。また、「名古屋めし」の紹介等の新たな取組を行いたいという意欲を持つことにつながった。

Ⅲ　より大きな地域との連携による学び

　大学の近隣の施設だけでなく、より広い地域との連携として、①地域の課題について考えるグループワーク、②学校で教えるプロジェクト、③愛知県の観光振興策の提案（あいち学生観光まちづくりアワードへの出場）を行った。

　①地域の課題について考えるグループワークは2018年から1年生の必修科目である「マクロ経済学入門」にて行っている。少子化、グローバル化、観光振興、女性の社会進出等の地域における諸課題をマクロ経済学に基づいて分析し、グループでディスカッションすることで理解を深め、解決する方法を考えている。1年生ではあるが具体的な提案を考えることで自分の住んでいる地域の課題を理解でき、「地方創生」について考える契機となっている。

　②学校で教えるプロジェクトは2016年から2・3年生のゼミの活動として、2016年は愛知県立南陽高等学校、2017年は名古屋市立若宮商業高等学校、名古屋市立はとり中学校、2018年は名城大学附属高等学校で授業を行っている。授業内容は「人生と職業とお金とについて考える」等で、SMBCコンシューマーファイナンス株式会社の協力で金融商品や金融制度、消費者保護等について学習した上で授業内容を考えている。それぞれの学校のニーズに合わせた授業内容を考える過程で自らの専門知識を深め、かつグループで課題に取り組むことでコミュニケーション能力等を高めている。名古屋市立はとり中学校の授業は愛知教育大学の学生と共同で行ったことで、価値観の違う他大学の学生と協力することの難しさを学ぶことができた。

　③愛知県の観光振興策の提案は2017年から2・3年生のゼミ活動として行っており、②の一環として学校で教えるプロジェクト、名古屋市立若宮商業高等学校と名城大学附属高等学校での授業の実施や「あいち学生観光まちづくりアワード」へ出場した。「あいち学生観光まちづくりアワード」では2017年は名古屋市立若宮商業高等学校と合同で「『嫌われ都市名古屋』から『愛され都市Nagoya』への転換——便利な住みやすい街の観光の在り方」、2018年は「愛知をアジアのカリブ海

に！　セントレアにクルーズ客船を誘致して日本初のフライ＆クルーズ空港へ」を
テーマに発表した。発表のために名古屋市内で大学に近い覚王山や名古屋城の金
シャチ横丁、常滑市のやきもの散歩道、中部国際空港やフライトオブドリームズ等
で現地調査を行ったことで地域への理解を深めることができた。また、名古屋市立
若宮商業高等学校と合同で行ったことで、高校生との目線の違いを活かして取り組
むことができた。

Ⅳ　経済・経営系学部における地域連携による学びの成果

　経済学や経営学は実学であり、地元の身近な地域から学ぶことで理論を現実に活
かす方法を考えることができる。また、筆者は「大学では学生が主役である」と考
えており、地域で学生が主体的に取り組むことで学習意欲が高まると考える。本章
で紹介した各取組に学生は高い意欲を持って参加しており、星ヶ丘三越の調査とデ
パ地下マップの作成は授業における取組ではないにもかかわらず多くの学生が自主
的に参加している。また、その取組を２年次以降のゼミでの活動で深化させてい
る。

　各取組は継続した活動となり、かつ具体的な成果につながるように工夫してい
る。そのような成果としては社会人基礎力の育成がある。社会人基礎力は学生が
社会に出る上で必要な能力として2006年に経済産業省により提唱されたものであ
り、「前に踏み出す力」「考え抜く力」「チームで働く力」の「３つの能力」とさら
に細分化された「12の能力要素」から構成されており、「基礎学力」「専門知識」
を加えたものと定義されている。また、2018年からは「人生100年時代の社会人
基礎力」として、人生が長くなることでライフステージの各段階で自らを振り返
り、学び続けることが重要であることが加えられた。各大学の社会人基礎力の育
成の取組の成果を競う「社会人基礎力育成グランプリ」（主催：社会人基礎力協議会、
共催：経済産業省）に2016年から2018年にかけて星ヶ丘三越との「デパ地下マッ
プ」「お菓子総選挙」、学校での金融経済教育で出場した。各取組では、目標を明確
にして、期日までに完成させることなど責任感を持って取り組み、関係者の評価や
マスコミへの掲載という成功体験により達成感を得られることでよい持続ができた
ことを発表し、奨励賞を受賞した（各項目の成果は図7-5に示す）。

　また、成果を大学のホームページで情報発信したことで新聞や雑誌、テレビに紹

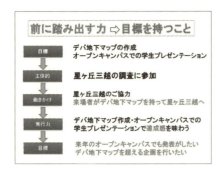
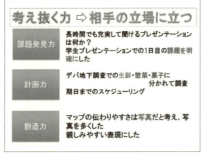
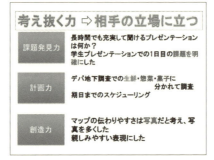

図7-5 デパ地下マップ作成による社会人基礎力の育成
出所：水野英雄・長谷川陽菜・渡邉彩加「初年次教育における社会人基礎力育成——星ヶ丘三越デパ地下マップの作成」『社会人基礎力育成グランプリ中部地区予選大会』(2016年12月4日)

介されることも多かった(マスコミへの掲載記事は参考文献を参照)。学生はマスコミの目に留まるような活動ができたということで達成感を得ることができた。

さらには、学生が自主的な活動に取り組むようになった。2017年度には学生による企画で大学の近くのショッピングモールである星が丘テラスの調査を行い、学生目線での紹介パンフレットの作成と星が丘テラスのコミュニティルームでの発表を行った。紹介パンフレットや発表では、「こだわり、変化、インスタ映え」をキーワードに独自性の高い店舗や写真映えする商品や展示について学生の視点から考え、同世代の大学生をモデルに想定した滞在プランなどを紹介した。活動の経験に基づいて農業振興について論文を執筆して論文賞を受賞した学生もいる(熊澤有里 (2016)「食料自給率向上のための農産物輸出促進策——リトルキョートと新嘗祭による和食と食材の普及」『クミアイ化学工業第4回学生懸賞論文』優秀賞)。

このように地域での活動を通じて学生がよい成長をできたことは高く評価でき

る。「椙山女学園大学大学案内2017」に掲載された2015年の取組に参加した学生の感想では、「特に印象に残っているのは、名古屋三越星ヶ丘店の地下食品売り場を調査し、オープンキャンパスで多くの人に向けてプレゼンテーションしたこと。先生のサポートを受けながら、プロジェクトを自分たちで最後までやり遂げることで自信がつき、以前よりも積極的になったと感じています[5]」と明確な目標を定め、責任感を持って取り組むことで達成感が得られたという成果が示されている。

「地方創生」の観点からも地域の人材育成は重要な課題である。地域での活動を通じて人材を育成することで、地域のニーズを理解した、地域に貢献する人材の育成につなげることができる。

【注】
(1) 本章は水野英雄（2017）「初年次教育における産学連携による社会人基礎力育成——星ヶ丘三越デパ地下マップの作成」『社会とマネジメント』第14号、椙山女学園大学、pp.77-88に基づいてそれ以降の取組や考察を加筆修正して執筆している。
(2) 地域との連携による学習につきましては星ヶ丘三越や星が丘テラスをはじめとした企業の皆様に店舗の見学等にご協力頂きましたことに厚くお礼申し上げます。
(3) 「椙山女学園大学大学案内2019」p.87の学部の概要紹介に基づいている。
(4) 本節は水野英雄（2017）「初年次教育における産学連携による社会人基礎力育成——星ヶ丘三越デパ地下マップの作成」（教育実践）『社会とマネジメント』第14号、椙山女学園大学、pp.77-88に依拠している。
(5) 「椙山女学園大学大学案内2017」p.90より引用。

【参考文献】
旺文社（2016）「地元デパートを訪問・調査し、「デパ地下マップ」を作成」『螢雪時代』2016年11月号、p.179。
熊澤有里（2016）「食料自給率向上のための農産物輸出促進策——リトルキョートと新嘗祭による和食と食材の普及」『クミアイ化学工業第4回学生懸賞論文』優秀賞受賞。
椙山女学園大学（2016）「椙山女学園大学大学案内2017」。
椙山女学園大学（2018）「椙山女学園大学大学案内2019」。
大学新聞社（2015）「星ヶ丘三越のデパ地下調査——営業戦略と接客を学ぶ」『大學新聞』第123号、2015年9月10日、15面。
中日新聞社（2016）「農産物輸出　キョート活用　椙山女学園大・熊沢さん　懸賞論文で優秀賞」『中日新聞』2016年4月8日朝刊、16面。
中日新聞社（2016）「交流授業　経済語り合う　南陽高と椙山女学園大生」『中日新聞』2016年11月24日朝刊、12面。
中日新聞社（2018）「洋菓子総選挙　準備OK　椙山女学園大、百貨店とコラボ」『中日新

聞』2018 年 7 月 14 日朝刊、13 面。
水野英雄（2014）「主体的な学びの大学教育――間違いのない大学選びを」『中部経済新聞』2014 年 7 月 22 日、6 面。
水野英雄（2017）「初年次教育における産学連携による社会人基礎力育成――星ヶ丘三越デパ地下マップの作成」（教育実践）『社会とマネジメント』第 14 号、椙山女学園大学、pp.77-88。

【発表】
水野英雄・長谷川陽菜・渡邉彩加（2016）「初年次教育における社会人基礎力育成――星ヶ丘三越デパ地下マップの作成」『社会人基礎力育成グランプリ中部地区予選大会』2016 年 12 月 4 日。

【テレビ】
スターキャットケーブルテレビ『キャットステーション』「大西敬子のデパ地下マップをリポート！」（2016 年 9 月 20 日〜25 日リピート放送）

【ホームページ】
経済産業省　社会人基礎力　http://www.meti.go.jp/policy/kisoryoku/
社会人基礎力協議会　社会人基礎力育成グランプリ　https://www.mda.ne.jp/kisoryoku/

第 8 章　基本的なマナーを通じた
　　　　　地域が求める人材育成の教育事例

上野　真由美

I　はじめに

　本節は、学生が地域とかかわる中で、特に態度・振る舞い・礼儀について着目し、大学での学びがどのように地域とかかわる際に活用できるか、「基本的なマナーの大切さ」をキーワードに取り組んだ教育方法の事例である。

　大学では PBL（Problem Based Learning）課題解決型授業を行う上で地域とのかかわりが多く挙げられるが、学生による地域貢献を行うにあたって、受け入れる大学の状況はどのようなものであろうか。産学連携のように企業から依頼されたり、大学主導の地域貢献が実施されたりするような課題解決型授業が多くない場合、学生はどのように地域と連携した幅広く深い学びを得ることが可能となるのだろうか。本事例においては、大学での学びが普段の生活において学生が地域とかかわる際にどのように貢献できるのかを考察するため、「マナー」をキーワードとして取り組んだ教育実践である。

　学生の社会貢献活動や地域行事の参加等、地域から大学への依頼は少なくない。しかし大学間で地域貢献活動への取り組みは異なり、大学に独立した地域担当窓口部門が設置されて一括した管理運営を行い、行政区と大学が地域包括連携協定を締結したり、産学連携で大学と企業がコラボして開発した商品を販売し利益を生み出したりする等、積極的に協同事業を推し進めている大学がある一方、地域貢献活動の受け入れ窓口が曖昧で担当が一本化されていないため、地域や企業からの依頼が教員個人へされる等、受け入れがうまく機能していない大学も見受けられる。そのような状況で、大学や教員という「間」を通すのではなく、学生個人が実際に地域でかかわった際に自分で考え意識することによって授業での学びを活用していけないかを、学生自身が気付く取り組みについて「学生ミーティング」の発表を通しての活用を試みた。研究にあたっては、2018 年度『日本国際秘書学会研究年報』

第25号「ルーブリックを活用したプレゼンテーション評価シートの設計」（山本・上野、2018）を発展させ、自己評価および学生相互評価にルーブリック評価表を用いた。さらに日本ビジネス実務学会第37回全国大会研究発表「地域・産業界との協働をめざすプレゼンテーション教育の可能性——プレゼンテーション基礎教育研究に基づく取組事例」（加納・手嶋・山本・上野、2018）（以下、共同研究とする）の知見を入れ、プレゼンテーションの発表に非言語コミュニケーションを重要視し、内容が相手によく伝わるように工夫することを指導した。このような点をふまえ、2018年度に名古屋市内のA大学の短大生が授業で学んだ「マナー」を、地域とかかわる際にどのように活用していくかを、学生自身の気づきの観点から示唆が得られた教育事例について述べる。

Ⅱ　本取り組みの経緯と概要

　2018年度の授業において基本的なマナーを身につけることを学んでいる学生に、「地域とかかわる際の基本的なマナーの大切さ」をテーマにした発表の過程でルーブリック自己評価をし、他の学生が他者評価するという学生相互評価の取り組みを実施した。発表のテーマとして授業内容で「マナー」をキーワードにしたのは、学生にとってアルバイト先を含めた学外や地域とかかわる際に、たとえ学生であっても最低限の基本的なマナーが必要であること、学生相互評価を行うことで振り返りがより深まることを期待したからである。

　2018年11月、愛知東邦大学から「名東区学生ミーティング」の参加を呼び掛けられ、学外授業として学生を伴って参加した。参加の理由は、少人数授業のため全員が参加できること、授業で行うロールプレイング発表を教室内ではなく実際の聴衆の前でできるため、学生に表現力の大きな向上が期待できること、学生自身がより実践力を高める効果が期待できることであった。加えて学生は発表の準備やスライドを作成する過程で、あらためて授業の学びを振り返ることができることも理由であった。しかし学生ミーティングの日程が土曜日開催であったため、正課授業であるがアルバイトで不参加の学生がおり、参加学生は3名となった。ただし少人数授業であるため、通常授業では授業時間の多くを個別指導に充当しており、学外授業を新たに含めてもシラバスの授業内容は変更せずに進めることが可能であった。

　授業では自分の「マナー」を振り返るため、「地域とかかわる際のマナーの大切

さ」をテーマに学生がレポート作成を行った。主な記述は以下の通りである。
・授業を受けて（アルバイト先なども含めて）学外や地域とのかかわりのなかで、基本的なマナーの大切さについて記入してください。

「地域のお祭りの際に手伝いをした時に当たり前のことだけれど、すれ違う人に笑顔で挨拶すると相手の方も笑顔で返してくれて、お互いに気持ちがいいなと感じました。」

「自分のふるまい方で自分だけでなく会社や学校、バイト先の印象になるのでマナーはとても大切な事だと思いました。」

「あいさつやお礼の言葉は本当に大事だと思います。親しき仲にも礼儀ありだと考えました。」

「TPOに合った身だしなみをきちんとして言葉遣いに気を付ける。」

「この授業を受講して身に付けた話し方、声のトーン、笑顔など私のアルバイト先での接客にも活かして、丁寧かつ明るくお客様がお声を掛けやすいスタッフになれるよう素敵な社会人になれるようがんばっていきたいと思いました。」

「笑顔で『いらっしゃいませ』『ありがとうございます』などの挨拶をします。お客様も『いつもありがとう』『早くからごくろうさま』など声をかけてくれるので、したしい印象をあたえられると思いました。」

次にレポートをもとに発表の準備に取り掛かり、同時に学生は発表のためのスライド作成にも取り掛かった。まずは、学生ミーティングの課題の「学生は地域に何が貢献できるのか」について「マナー」をキーワードに、それぞれの意見を交換し議論した。大学として地域とかかわる経験がない学生たちであったため、最初は全くこれと言った意見が出ず、出てもそれは否定的な意見であった。しかし少人数授業のため学生が誰も話さないという時間がなく、授業が静まることはない。常に誰かが言葉を発し意見を出しており、その意見からまた活発に意見が出て、有意義な意見交換の時間となる。少人数であるため授業そのものがアクティブラーニングのグループワークなのである。意見交換では学生たちは自分の今までの人生経験を振り返り意見を出し合った。その中には、自分の生まれ育った地域でのアルバイト、学区のお祭り、廃品回収、習い事が挙げられた。この意見交換で学生たちは、どのように自分が「マナー」を地域とのかかわりで活用しているか考え直すことができた。地域とのかかわりは何もしていないと思っていた学生たちにとって、話し合う

ことであらためて自分自身が地域とのかかわりを見直す機会となった。さらに意見を出しあい議論しまとめた意見をもとに、発表スライド作成を行った。発表は各自がスライド1枚を担当し、それを発表するリレー形式をとることとした。スライド作成はoffice365を使用してOneDriveでプレゼンテーション.pptxを共有し、大学のパソコン室だけでなく、学生個人がどこからでもそれぞれ加筆修正できるようにプレゼンスライドを共同編集し、大まかな構成から訂正や意見のコメントをテキストボックスで書き込んでいった。OneDriveのプレゼンテーション.pptxは教員も共有し、進捗状況を把握できるようにした。

　仕上がったスライドを用いて授業でリハーサルを行い、全員で内容の検討を行った。指導したのは共同研究の知見を受けたプレゼンテーションの先生に、「非言語コミュニケーション」と「伝えたいことを明確にする」の2点を取り入れることである。学生同士は、発表者のリハーサルで気付いたことをその場でアドバイスし合った。少人数であるため学生同士の忌憚ないアドバイスがなされ、その意見は様々であった。「笑顔の大切さを伝えようとしているのに、発表者の笑顔がない」「原稿ばかり見て下を向いており、目線が聴衆に向いていない」「強調したい所はメリハリをつけないと伝わりにくい」等の非言語コミュニケーションの要素が挙げられたり、「スライドの写真の説明がないので内容と関連しているのかわからない」「スライドの配色をカラフルにして工夫すべき」というスライド作成の意見があったりした。また「マナーをテーマにしているのだから発表時の服装はスーツが良いのではないだろうか」というテーマに即した意見も挙げられ、「マナーの大切さ」という伝えたいことを明確にしようと、服装を考えた意見も出ていた。学生は初回リハーサルで自己評価および他者評価のルーブリック評価を行い、改善の手掛かりとした。その際、学生には自己評価ルーブリックと他者評価ルーブリックの差異をとらえるよう指導した。それらを踏まえて第2回目のリハーサルを行い発表に臨んだ。当日の学生ミーティングでは学生3人が発表を行った。

Ⅲ　結果と考察

　テーマ「地域とかかわる際の基本的なマナーの大切さ」
　概要「私たち学生は、アルバイト先なども含め学外や地域で様々な年代や職業の方とかかわっている。それらの方と初対面でコミュニケーションをとるためには、

学生であっても最低限の基本的なマナーが必要である。大学で開講されている授業でマナーを学び、アルバイト先なども含めた学外や地域とのかかわりのなかで、それをどのように活用していくのか。基本的なマナーの大切さについて考える。」

自己評価および他者評価で用いたルーブリック評価表は、山本・上野（2018）のルーブリック評価表をマナーに特化した項目のみで作成した。ルーブリック評価表を表8-1に示す。

「よくできている」をS、「もう少し」をA、「改善が必要」をBとした。集計にあたっては、Sを2点、Aを1点、Bを0点とした。

ルーブリック評価はリハーサル後に1回、発表後に1回自己評価を行い、発表前と発表後の学生の変化を観察した。その結果、学生はルーブリック評価前後で伸長が見られた。発表者の学生たちは皆が発表前の自己評価が低く3人の平均は2.8であった。しかし発表後は12.8と10ポイントの大幅な上昇が見られた。伸長が大きい項目は「身だしなみ」「立ち居振る舞い」であり5ポイントの伸びであった。次に伸長が大きい項目は「第一印象」「話し方」である。伸長が変わらない項目は「タイトル」であるが、発表前から平均は2.6と評価は高い。「タイトル」は発表前と変更していないことから当然の結果である。

1　他大学の発表を聞いた当日の学生の感想

学生たちは自分たちが授業で学んだ基本的なマナーの大切さを、学外や地域とのかかわりの中でどのように活用していくのかを発表したが、他大学の発表を聞いた学生の率直な感想は、「自分たちだけ地域とかかわりがない、何もやっていない」であった。

「他大学の学生の発表は自分にとってとても刺激になった。グループは初対面で知らない人ばかりだったが、発表後にメンバーが頑張ったねと声をかけてくれたり、拍手で迎えてくれたりして嬉しかった。」

「今までの学生生活の中では出会うことのなかった考えの人たちがいた。他大学ではこんなことに取り組んでいるのかと思った。他大学の学生と交流ができて学生生活の情報交換ができた。」

2　参加後の授業レポートの学生の記述

「初めてこのような場に参加したけど、他の学生さんがうまく進めてくれたおか

表8-1 （上野改）ルーブリックを活用したプレゼンテーション評価シートの設計

（山本・上野 2018）

発表評価用ルーブリック　　氏名

領域	よくできている（S）	もう少し（A）	改善が必要（B）
1. 主張	□伝えたいことが明確で、聞き手にとって興味が持てる	□伝えたいことが概ね理解できる	□伝えたいことが不明確で、何を言いたいのか理解できない
2. 構成	□導入・本論・結論の順に構成され、導入でテーマと全体の構成を提示しており、説明に一貫性がある	□導入・本論・結論の順に構成されているが、一部不明瞭な部分がある	□構成の順序が適切でなく、テーマや主張が不明瞭で、一貫性がない
3. タイトル	□テーマに沿ったインパクトのあるタイトルであり、聞き手の関心を引き付ける効果がある	□テーマに沿ったタイトルであるが、インパクトに欠ける	□テーマとタイトルにズレがある
4. 第一印象	□姿勢がよく、落ち着いて親しみのある印象で親近感があり、表情にやる気や熱意が十分感じられる	□姿勢や表情に問題はないが、表情が淡々としていてやる気や熱意まで感じられず、親近感が得られるほどではない	□姿勢や表情が横柄に見えたり、頼りなく感じられたりして、マイナスの印象を与え伝えようとする熱意が全く感じられない
5. 身だしなみ	□身なりや服装が整っており、礼儀正しい振る舞いができており好印象である	□身なりや服装が整っているが、好印象を与えるほどではない	□身なりや服装に乱れがあり、不快な印象を与えている
6. 立ち居振る舞い	□礼儀儀正しい立ち振る舞いができており、好感が持て、発表の開始時と終了時に挨拶（会釈程度のお辞儀を含む）ができている	□礼儀儀正しい立ち振る舞いができているが全体的にぎこちなく、発表の開始時と終了時に挨拶はしているが、丁寧さに欠け角度が適切でない	□姿勢が悪く礼儀正しい振る舞いができておらず、発表の開始時と終了時の挨拶をしていない
7. 態度	□話の内容によって表情を使い分け、身振りを使いながら、会場全体にアイコンタクトをとり、聞き手の反応を確認しながら発表している	□話の内容による表情の使い分けをしているが十分とは言えず、身振りを使いアイコンタクトもとれているが、聞き手の反応を確認する余裕がない	□終始パソコン画面を見ながら話をしており、身振りやアイコンタクトをとりながら発表していないため、聞き手の反応が確認できていない
8. 発声	□声に張りがあり、生き生きとした明るい印象で滑舌がよく、声の大きさ、トーン、スピードが適切で、聞き取りやすい	□声に問題はないが、プラスの印象を与えるほどではない	□声が小さいまたは大き過ぎ、早口で暗く、マイナスの印象を与えている
9. 話し方	□発表内容に合わせて重要な部分は抑揚をつけ、間をとりながら話し、発表の要点がわかりやすい	□抑揚や間をとりながら話しているが、効果的に使われておらず、早口になるなど内容が聞き取れないことがある	□終始、棒読みで表現力に欠け、発表全体を通して話し方が不明瞭で内容が聞き取れない
10. 発表時間	□制限時間±10秒以内に発表できている	□制限時間±30秒以内に発表できている	□制限時間±30秒を超えている

（上野改）ルーブリックを活用したプレゼンテーション評価シートの設計（山本・上野 2018）
発表を 1.～10. から評価し、各項目で該当すると思った段階の□に✓をしてください。
以下には、自己評価か他者評価の□に✓をし、記入日を書いてください。

　　　　　　　　　　　□自己評価　　　　□他者評価
　　　　記入日（西暦）　　　年　　　月　　　日（　　　）

げで思っていたより楽しめました。他の学生さんは自分の考えを瞬時にまとめて話していてすごいと思いました。」

「Good　他の大学生の方とディカッションできて、様々な意見が聞けてよかった。自分では考えつかないアイディアを他学生が出してすごかったです。

　　Bad　自分の大学以外は地域とのかかわりを発表していて、全然地域とかかわっていないことを痛感した。」

「他大学との合同ミーティングについて、少し自信が無くなったとともにまだまだ頑張らないといけないなと思いました。プレゼン内容については、他大学のレベルの高さに驚きました。本学では全く地域交流ができていない事を痛感しました。正直プレゼンするのが恥ずかしかったです。他大学は地域百貨店、カフェなど色々な所で手を組んで色々な取り組みをしていて、私達の発表は授業説明のようなもので、スライドも一番見にくく地味で、自分達も直さないといけない所が沢山わかったと思います。ディスカッションでは、大学も学年もバラバラのグループなのに自分の意見を出して相手の意見を聞いてみんなで内容をまとめるというのをスムーズに出来て、まるで初対面だとは思えないくらいチームワークは良かったと思います。この他大学合同ミーティングで自分とは違う考え方やものの見方をする人たちと沢山話してとてもいい刺激になりました。一学生としても、もっと色々な事にチャレンジしていきたいと思いました。」

　加納ほか（2018）は「『プレゼンテーション教育』と『ビジネス実務教育』が相互に交わる部分の緊張関係に注目して、段階的に取り組むことのできる学びのプログラムが強調される」としている。このことを「学生ミーティング発表」と「マナー教育」に言い換えれば、学生は地域貢献におけるマナーを足掛かりに学びを振り返り、次に他大学生と自分自身の違いから、ものの考え方や行動を振り返ることができた。さらに外部の刺激を受けたことによって、今後の自分の在り方を考え始めたことは、一定の教育効果があったことがうかがえる。

Ⅳ　おわりに

　PBL課題解決型授業の教育効果は理解していても、正課の授業で実施するのは困難を伴う。課題解決型授業の多くは課外活動で行われており、授業のない休日や

長期休暇中に教員個人がゼミ担当の学生を対象に実施していることが多い。正課の授業で難しいのは、課題解決型案件がシラバス作成時にはそもそも決定されているとは言えず、一旦学生に示したシラバスのその後の大きな変更は容易ではないからである。今回の取り組みは少人数授業だからこそ実施できたと言えよう。

　この取り組みの課題は学外授業の学生ミーティングの開催日が土曜ということもあって、すでにアルバイトのシフトを入れていて参加できない学生がいたことである。教員としては、このような学生ミーティングという体験の場を活かして履修学生全員に学内だけでは得られない経験を期待したのだが、計画と学生への周知時期についての課題が残った。

　しかし展望としては学生同士の協同作業が挙げられる。学生たちは情報系の授業の指導でoffice365を用いてPowerPointを共有し、全員で発表スライドの作成を進めることができていた。教員も逐一進捗状況がつかめ、期日までに提出が可能であった。このようなものを活用すれば学生が全員で発表スライドを作り上げることができる。参加の学生も参加できない学生も、全員が取り組める過程は望ましいものであり学生にも発表メンバーの一体感があり、貢献度の不公平感は出てきにくいのではないだろうか。当初は学生ミーティングの場で、学生たちは発表後のディスカッションで他大学から有益な意見が得られる教育効果が考えられたが、他大学の発表で自分たちの地域貢献の考え方や実施状況の違いについて、学生があらためて意識したことが得られた一番の効果であると考えている。

　この取り組みでは、学生ミーティング参加によって「地域とかかわる際の基本的なマナーの大切さ」をテーマに、授業で身につけた基本的なマナーを踏まえた発表を行った。地域とかかわる機会が多くない学生には、自分自身の普段の生活から地域貢献や地域の活性化に、身につけたマナーを繋げるという意識ができれば、地域に貢献できる人材を育成することが可能となるであろう。まずは学生に地域と繋がっていることの気付きを与え、何気ない生活の振り返りをさせることが重要である。

【参考引用文献】
山本恭子・上野真由美（2018）「ルーブリックを活用したプレゼンテーション評価シートの設計」『日本国際秘書学会研究年報』第25号。
加納輝尚・手嶋慎介・山本恭子・上野真由美（2018）「地域・産業界との協働をめざすプレゼンテーション教育の可能性――プレゼンテーション基礎教育研究に基づく取組事例」『日本ビジネス実務学会第37回全国大会研究発表要旨集』日本ビジネス実務学会。

第 9 章　地域連携型 PBL 活動における
社会的認知度向上に関わる仕組み
―――地域伝統産品のブランド価値向上を目的として

奥村　実樹

I　はじめに

　地域と関わる PBL（Problem Based Learning）型活動は、地域活性化の観点から中心になされてきたが、PBL、アクティブ・ラーニングといった言葉の普及により、その教育的効果にも期待が持たれている。さらに、その方向性（プロジェクト型、課題解決型）が企業などの経営活動に類似することから経営・ビジネス教育の観点からもなされるようになってきている。

　さらに、その教育形態の面においては、必然的に受け身的で一方的な大教室による講義とは異なり、主体的に考え行動するアクティブ・ラーニング要素が生み出される。また、特定の地域と関わることになる場合は、地域に貢献したいという意識や、地域そのものについて考える機会を学生が持つことにもつながる。

　本研究は、プロジェクトを進めることで特定の課題を解決しようという PBL 型大学ゼミナールによる、地域の伝統産品の活性化を扱った個別事例を取り上げたものである。自分たちの活動の社会的認知が、ブログや他のウェブサイトなどにも連動した仕組みとして機能し、向上した事例について考察し、同種の活動における今後の可能性につなげることを意図している。

II　活動のきっかけ

　石川県金沢市の伝統産品である伝燈寺里芋（写真 9-1）は、こくと甘みがあり、粘りが強くもちもちとした食感で味も良いとの評判であったが、年々、生産量が減ったことで、地元の夕日寺町ならびに町のある金沢市がその継承可能性について思案する状況にあった。なお、伝燈寺里芋とは、約 300 年前、同地の夕日寺地域にある伝燈寺に京都から来た僧侶が村人に栽培を勧め、それが米に代わる自家用食

写真 9-1　伝燈寺里芋
出所：金沢市試食会より

糧として栽培されたのが始まりとされる。

　近隣の大学である金沢星稜大学も、同大学スポーツ学科の池田幸應教授が中心となり、その継承活動に加わってきた。そこに、経営管理・経営戦略を学ぶ奥村ゼミナールが、2014年度から加わることで、当該商品のさらなるブランド価値向上に寄与し、課題解決に近づくことを期待された。

III　活動を社会に伝えるための仕組み作り

　本活動は、元々、金沢市（特に農林局農業センター）のバックアップを受けるいわゆる行政と関係した地域連携活動であった。金沢市が企画したイベントに学生が参加する形のみでも成立するのだが、学生がプロジェクトに関わる場合は、「彼らが成長したり、学生らしく工夫したりする過程が、重要な成果である」という考えを筆者が以前から持っていたため、イベント参加時にも自分たちの活動をどう社会に向けて伝えるべきかをゼミナールで考えていた。その結果、自分たちの一連の活動をブログに記録していき、それを公開していくという方式を活動の中心に据えることとした。

　ブログの持つカジュアルなイメージを活かし、読み手の関心を引く学生らしい表現（絵文字、記号など）や文体を用いることで若者らしさを出しながらも、内容的には、関係者も後で情報として参照できることを目標とした。イベントであれば、日時や場所、主催者、主要な出席者などといったいわゆる新聞記事的な情報を持たせた（写真9-2）。ブログの選択や、その開設は学生に委ねたが、閲覧履歴数などの

第 9 章　地域連携型 PBL 活動における社会的認知度向上に関わる仕組み

写真 9-2　ブログ画面
出所：https://ameblo.jp/satoimo-seiryo/　2018 年 12 月 1 日参照

　データを取れる利点を考え、アメーバブログ（アメブロ）を利用することとした。活動当初、地域活性化につながる成果の目安として、このブログへのアクセス数の増加を指標にしようと考えていたからである。

　ブログ記事は、ゼミメンバーが持ち回りで担当することとした。共通の決まりごととして以下のことを注意した。

① ブログ担当者は氏名（フルネーム）を名乗る
② 正確な情報を載せる
③ ブログ登場人物の所属・役職・氏名を紹介する
④ 企業などの団体で、自身のホームページがあるところにはリンクを貼る
⑤ 読み手がストーリーを感じるように写真、文章を配置する
⑥ 内輪で盛り上げる内容でなく、常に初めて読む読者を意識する

　上の④には、地元の企業や機関が登場するため、それらを含めより地域の情報を外部の方々に知らせたいという意図があった。⑤⑥に関しては、常に外部の読み手を意識した活動であるということを忘れぬよう心がけていた。その点に関しては学

内での授業レポート等と違い、さまざまな読者が実際に読みたくなるものを書く、という認識が必要であった。

　この点に関し、筆者は以前から、インターネットなどICTがさらに普及していく将来、学校教育は学習を見える形で外部（学生の保護者や、学生を雇用する可能性のある企業など団体含め）に提示する必要性が出てくるのではないかと考えてきた。さらに、学生が近い将来、社会に出た際には、顧客など外部が必要とする情報をICTの活用により積極的に提示できるようにする能力が求められるだろうし、特に経営を専攻する者は、教育上その能力を身につける必要があるだろうと考えていた。それらがこの方針の源になっている。

Ⅳ　活動成果

　学生によるPBL型の活動では、アイディアを出すことに重きが置かれ、そのアイディアを実際に実行に移すことにはそれほど意識が払われないものも多い。一種のアイディア・コンテスト的意味合いを持っていると言えるだろう。特に行政などの団体と関わるものにその傾向が見られる。もちろん、アイディアを出すために当該テーマについて考え、意見を出すという機会を得ることは、座学の講義形式が多い大学の授業において貴重な学びの場を形成していることは間違いない。また、学外に大学生が出ることに対し、学校側が過敏になり、それが制約となり学生の行動範囲を狭めている事実もあろう。

　それに対し、今回取り上げてきた事例では、「行動すること」と「それを発信すること」とにベースをおいた活動を目標としていた。さらに、ブログによる情報発信を学生がおこなっていくうちに、自分たちこそが伝燈寺里芋の情報発信者だという自覚と責任感が芽生えてきた。「自分たちで行動もする」という考えを持ったことで、その後のさまざまな活動の実現に役立った。

　「伝燈寺里芋をモチーフにしたキャラクター作り」（写真9-3）
　「Wikipediaの『伝燈寺里芋』項目の作成」（写真9-4）
　「キャラクターを活かしたレシピ集やPOP広告の作成」
　「イベント用パネル制作」（写真9-5）
　「中国向けブログへの中国語での記事掲載」
　「石川県の伝統野菜に関する先行研究紹介をおこなった上でのアンケート調査実施」

第 9 章　地域連携型 PBL 活動における社会的認知度向上に関わる仕組み　　99

写真 9-3　伝統の里芋をイメージした奥村ゼミナールのキャラクター
　　　　　左：でんじい　右：(孫の)でんでんちゃん

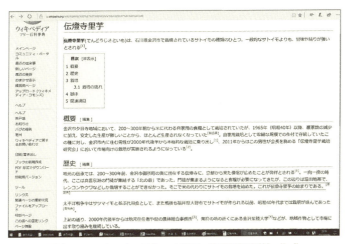

写真 9-4　ウィキペディア項目（伝燈寺里芋）作成
出所：https://ja.wikipedia.org/wiki/伝燈寺里芋　2018 年 12 月 1 日参照

などを、次々と実際に実行していくことができた。

　これらの活動は、ゼミメンバー各自の得意分野を活かしておこなった。そして、それは、「より良い結果を生みたい」というメンバーの意識が、自然とそのような分業をさせた結果であった。また、「伝燈寺里芋の普及」を核に次々と活動を広げていく、関連させていくというのは自分たちの専攻でもある「経営」に必要不可欠な考え方だ、と学生に伝え意識させていたことも、このような関連活動への派生につながっていったと思われた。

写真 9-5　イベント用パネルの一部

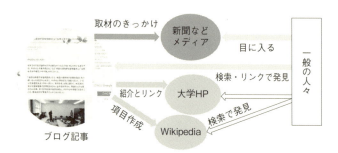

写真 9-6　ブログ記事から派生した情報の伝わり方

　これらの試みは、幸いマスメディアを中心に好意的な評価を得た（参考資料〈メディア掲載例〉）。実際、取材に来られた記者・ディレクターから「ブログを見た」という声も多く伺った。

　約1年の期間で、マスメディア上にて多くの掲載（新聞10本、テレビ2番組）が実現し、その結果、活動の対象としていた地域産品「伝燈寺里芋」の価格（卸値）に前年比1.43倍という大きな動きが見られたことなどから、ブーム的とはいえ、一種のブランド化に成功することができた。情報伝達の面では、ブログ⇒メディア掲載⇒社会的需要の喚起⇒ブログという流れが、機能し成立したと考えられるだろう（写真9-6）。

教育効果に関しては、普段の学生の声から最大公約数的に確認できたものとして、「『実際に行動する』ことの重要性を再認識した」ことが挙げられる。元々、それが活動の柱であったのだが、先に述べたマスメディアへの多くの掲載や、活動対象の地域産品の価格（卸値）上昇という当初の我々の願望に近い目的に達する成果を感じたことで、彼ら自身、改めてその点を感じ取ることができたと思われる。

　また、その後の彼らの就職活動において（本活動は3年生のゼミナール活動として実施）、企業やその他団体が「社会的課題の解決に関わる行動を伴う活動」に学生が関わったかという点に関心を抱いていることが伺えた。学生の活動から、社会人として必要となる能力を備えているかを見たいという意図である。それは、現在の大学生が、学生時代に習得して欲しいとされる能力、例えば、文部科学省による「キャリア発達にかかわる諸能力」（2002年）と「学士力」（2008年）、内閣府による「人間力」（2003年）、厚生労働省による「就職基礎能力」（2004年）、経済産業省による「社会人基礎力」（2006年）に示されている要素である。

　さらに、上記した新聞などマスメディアでの紹介により、学生たちの就職活動時に、ゼミでの活動について面接にて質問されるなど一定の関心を獲得していることが分かった。加えて、ICTを用いて広く自分たちから社会に対し情報発信していくアプローチを用いていたため、同じく就職活動時の面接場面において、学生自身が作成しアップしていたブログ内容について、相手方が事前にそれを読み、直接その内容について聞かれるなどしたとの話も彼らから聞いた。学生が、ICTによる情報発信の影響力とその重要性を体感したことで、上で述べた「実際に行動する」ことの重要性の再認識につながっていったことが分かる。

V　活動の課題

　PBL型の活動そのものに関する困難な点も多く存在しているが、ここでは外部への情報発信の中心的存在であったブログを用いる際の活動の困難な点について指摘をしていきたい。
　次の3点が指摘できる。

① 　外部に公開されることを踏まえた作成・チェック
② 　学生への役割分担と事前指導

③ ブログ作成の重要性の伝達

　このような情報発信・情報蓄積の役割を持つブログ作成には、新聞記者の要素とユーモアあるレポーターの要素が同時に必要となる。また、学生個々人にも適性があるため、彼ら学生の特質を把握した上で、ブログの作成に入る前のアドバイスを送る必要も出てくるし、修正指導も出て来よう。

　これらの内容、特に③に関しては「繰り返し伝える」ことが求められた。外部から自分たちが頂いたうれしい言葉を伝えるなどすることも効果的であった。この点は、いわゆる経営学でも扱われる「組織文化」「企業文化」の醸成にも関わってくることが考えられる。また、この③がメンバーに理解されることで、自然と①②も理解されることとなる。学生の自主性を信じながら、しかし、目指すところは伝え続ける必要があるという面においては、指導側に伝達力の工夫と相応の忍耐力が課せられるだろう。

Ⅵ　おわりに

　PBL型の学生による活動は、2000年代以降、全国的に実施されるようになってきた。活動には、学校教育という要素と社会的活動という2つの要素が共存している。前者に比重が置かれる場合は、そもそも活動を情報発信するという発想自体、低くなるだろう。また、活動の情報発信がなされる場合でも、その多くは活動が全て終了してから、その活動を振り返ってのレポート、という形での公表となりうる。

　その意味では、今回取り上げた事例のように、活動中から自身により情報発信を順次おこなっていき、それがストーリー化するような形で、受け手にイメージを伝えていけるならば、活動の結果を少しでも自分達の望む方向に導いていける可能性があるだろう。また、その方法としては、即時性のあるICTが発達した現在、同時にその活動記録が情報として蓄積できることを考えると、ICTを用いた活動がPBL型活動と情報伝達としての面で相性が良いことも指摘できるだろう。

【参考資料】

〈メディア掲載例〉

『日本農業新聞』2014年3月18日付「伝燈寺里芋次代に　金沢星稜大生が加工　豚肉巻き、菓子…」他、新聞2紙、テレビ1局。

『北陸中日新聞』2014年5月16日付「ゆかりの芋で新銘菓を　伝燈寺里芋や金沢藤五郎　市が加工品開発後押し」。

『北陸中日新聞』2014年6月11日付「伝燈寺里芋植えよう金沢・東長江　金腐川の学習塾」。

『北國新聞』2014年10月29日付「伝燈寺里芋にレシピ集　星稜大のゼミ生らモンブランやスープカレー 31日から学園祭で配布」。

石川テレビ『リフレッシュ』内「伝燈寺里芋特集」2014年10月29日放送。

『北國新聞』2014年11月12日付「伝燈寺里芋で新レシピ　和洋の料理人考案、試食会『治部煮風』や豆乳スープ」。

『日本農業新聞』2014年11月18日付「『伝燈寺里芋』に期待　金沢市の栽培研究会　普及へ意見交換」。

『北陸中日新聞』2015年3月11日付「使おう伝燈寺里芋　金沢の料理人 調理法学ぶ」。

『北陸中日新聞』2016年12月6日付「環境商品にお墨付き　エコデザイン賞決まる」。

（合計　新聞記事10、テレビ番組2）

〈主要参考文献〉

Deal, T. E., and Kennedy, A. A.（1982）. *Corporate Cultures*, MA: Addison-Wesley（城山三郎訳（1983）『シンボリックマネジャー』新潮社）.

池田幸應　奥村実樹　新広昭　本康宏史（2018）「地域資源『伝燈寺里芋』を活用した協働型野外教育推進策の検討――ESDの推進による持続可能なコミュニティづくり」金沢星稜大学総合研究所『年報』第38号。

奥村実樹（2015）「課題解決型プロジェクト教育の現状と課題、並びに経営学教育との関連に関する一考察」日本ビジネス実務学会『ビジネス実務論集』第33号、pp.33-42。

文部科学省　国立教育政策研究所生徒指導研究センター（2011）「キャリア発達にかかわる諸能力の育成に関する調査研究報告書」。

『北國新聞』「エコデザイン賞　アイディアたたえ」2016年12月2日付。

「でんじいのブログ」https://ameblo.jp/satoimo-seiryo/（2018年7月1日参照）等。

第10章　石川県白山市における地域連携ゼミナール活動

若月　博延

I　地域の背景

　金城大学短期大学部のある石川県白山市は、人口約11万人と石川県では2番目に多い市である。面積は2005年に1市2町5村が合併したことで754平方キロメートルと、県内1となっている。また、高齢化率は26.9％と全国平均27.7％よりは若干低くなっているものの、山麓地区で見ると41.1％となり、間もなく55歳以上が過半数を占める準限界集落になることが推測されている。

　このような状況の中でも、合併前のそれぞれの地区で行われていた祭りやイベントは現在でも踏襲され、さらに合併を契機に新しく行われるようになったイベントもあり、現在ではその全貌を市当局でさえなかなか把握しきれていない。少し古い調査になるが2014年当時で把握できているものだけで年間110以上あり、一説には140を超えているという声もある。1年間が52週間とすると、単純に毎週2〜3の祭り、イベントが市内のどこかで行われていることになる。

　一方で、大学を取り巻く環境も変化してきており、2006年に教育基本法が改正され、「社会貢献」が明文化された。『日本経済新聞』では「大学の地域貢献度ランキング」も始まった。2012年には「大学改革実行プラン」のなかで、「地域再生の核となる大学づくり」という言葉が示された。2013年からは「地（知）の拠点整備事業」が開始され、2015年からは、「地（知）の拠点大学による地方創生推進事業（COC+）」も始まった。大学教育の中で地域とともに、地域の中で活路を切り開いていくことが強く求められる時代になってきたといってもよい。

　これらの環境下で、我々のような短期大学でも多くの地域連携活動が行われるようになってきた。その背景としては、旧松任市に開学以来40年以上にわたって幼児教育の学校として認知されている点、福祉系大学として地域のボランティア活動の実績などからだと思われる。また、地域での催し物の担い手の高齢化並びに減少

の影響が大きい。

II　問題

　我々のゼミナールでは、「来る者拒まず、去る者追わず」という基本方針のもと、これまで継続的に行われている活動だけでなく、新規の連携活動にも積極的な姿勢で臨んでいる。短大2年生という多忙を極める中で、それでも地域を思う気持ちから、「地域を盛り上げるために」という目的のために白山市を中心に様々なイベントに参加してきた。

　そのような中で、問題点の1つ目は、2年時に必修の通年ゼミナールしかないカリキュラムで、情報や文化を後輩に伝え辛く、「文化の断絶」という現象が起こってしまうことである。

　2つ目は、地域の要望と大学の期待のギャップである。地域の主な要望は、祭りやイベントを盛り上げるために若い人の力を借りたいというものだが、いくつかのイベントでは人員不足を補いたいというものである。しかし、大学としては、地域連携活動はあくまで教育の一環であり、様々な活動を地域の人たちと一緒に行うことで、交流だけでなく、プレゼンテーションによる提案やその実践といった、社会人基礎力の向上を図るという目的がある。

　3つ目は、地域からの期待と活動量、教育的効果との問題である。より高い教育効果をもたらすための活動量はどの程度が適当なのか、学生への負担感は地域連携ゼミナールの大きな問題となっている。

　本稿では、ゼミによる地域連携活動の分析を通し、これらの問題について整理していきたい。

III　2018年度の地域連携活動

　金城大学短期大学部ビジネス実務学科のゼミナール活動は、「地域連携ゼミナール」として行われているが、11あるゼミナールのうち7つのゼミで地域連携が行われている。その中でも地域の祭りやイベントで地域と連携しているのは3つのゼミで、2018年度では32名の学生が所属している。ここでは、若月ゼミの1年間の活動を、①実行委員会設置当初から参加するもの、と、②当日スタッフとしてのみ

参加するもの、の2つに分けて整理する。

1　実行委員会設置当初から参加するもの
（1）サマーフェスティバル白山

　サマーフェスティバル白山は、白山商工会議所青年部が行うイベントであり、2018年で5回目の開催。主催者発表で3万7千人の来場者があった。このイベントでは、小学生が職業体験をする「キッズランド」、辛くて旨いものNo.1を決める「KARA旨グランプリ（以下、KARA旨）」と地域の伝統芸能や盆踊りなどを行っている。準備段階から3つのゼミナールの学生が会議に出席して、それぞれ担当する部門で、自分たちの意見をイベントに反映させる。白山商工会議所青年部と学生の初顔合わせは4月24日に行われた。そこで、3つのゼミナールが、「キッズランド部会」、「芸能部会」、「フード部会」の3つに分かれ担当を決めた。若月ゼミでは前年に引き続きフード部会としてKARA旨を担当した。

　5月15日に行われた第1回フード部会では、前年度のゼミナール生が行ったアンケート調査の結果をもとに、2018年のKARA旨に向けて多くの意見が出された。

a）辛いものだけではなく、甘いメニューの店を学生が出店する
b）SNSを利用した効果的なPR活動

　甘いメニューの出店に関しては、口休めでほしいという意見のほかにも、遊具の設置、利用などの意見も多かったことから、KARA旨に親子で来た子供を想定して、子供たちが自ら作業して喜びそうなメニューを考え提案した。会議では、学生の提案に対して、フード部会員から、来場者数が多いので簡単なメニューにすることや、同じメニューを出す店舗があるなどの意見が出され、何度も再考を重ね、何度目かの提案でようやくフローズンパイナップルを提供することになった。

　また、イベント当日までのKARA旨の広報を担当することになった。これについても前年度の先輩たちの取り組みに対する反省を生かして提案を行った。それが以下のとおりである。

a）前年は広報用動画を作成しSNSなどで流していたが、内輪の満足感だけであっ

た。来客者の立場から、店舗情報やイベントの情報を知りたいと思っている。店舗紹介をカウントダウン方式で行い、「わくわく感」を高めていく。
b) KARA 旨を経験したことのない短大生が店舗の取材を行うことによって、より来場者に近い立場から知りたい情報を集めることができる
c) 短大生が SNS で作った記事をフード部会員全員で拡散する

　これらの提案は満場一致の賛成を受けて、取材から始めた。カウントダウンは出店数は40店舗だが、40日前からだと早すぎるという意見が多く、1日2店舗の20日前から行うことになった。この作業はすべて学生に任せられたが、実際は取材や原稿の確認作業の遅れがあり、毎日2軒というノルマを守ることができないこともあったが、イベント当日までに40店舗の紹介は終わり、後日取ったアンケートでも店舗側の評判は悪くはなかった。

(2) 美川里海きときと祭
　美川里海きときと祭とは、美川商工会主催のイベントであり、白山市美川地区の漁協と農協が一緒になって行う、一種収穫祭のようなイベントであった。最初の要請は2017年で、6回目の開催時であり、前5回でイベントがマンネリ化し、年々来場者も減少傾向にあるということから、地元の若者に手伝ってほしいというところから始まった。はじめての連携時には、商工会も学生も、何をどうすればいいかわからず手探り状態であったが、とにかく人を集められるような派手な事業にしたいということもあり、「100人分のパエリア振る舞い」というものを行った。学生たちの提案にそのまま商工会も賛同してくれ、100人前のパエリアを一挙に作れる巨大鍋まで製作し、試食会を行ったのがイベントの2週間前であった。試作会であるにもかかわらず、美川名産の5キロのタイを丸ごと使った試作品は、鍋にかける火の調節もうまくいかず失敗。その経験から、1つ1つ確認しながらことを行わなければいけないことを悟り、イベント当日には何とか美味しく食べてくれるものを提供できるまでになった。
　2018年に連携の2回目の要請を受けた時には、学生たちも先輩の失敗の経験を聞いていたので躊躇はあったが、ここでも先輩たちが残した研究成果があったので、それをよく分析し下記のような提案を行った。

a) 屋外での巨大鍋の調理は火加減が難しく、ムラができる。それを克服するためには蒸し料理が良い
b) 巨大な何かを作るインパクトもあるが、100人単位でふるまう料理としては大きさより数でインパクトを与えたい
c) 地元美川の食材を十分に味わえるものにしたい

　このような提案のもと、地元の魚介と農作物を使った海鮮蒸し餃子を作ることになった。今回は最初の試作段階でかなり手ごたえを感じることができ、さらに改良し、イベント当日には200人前の振る舞い餃子が一瞬でなくなるほどであった。

（3）兼六園ガイド
　石川県観光戦略課が8年程前から修学旅行誘致の目玉として行っていたのが、高校生、短大生による兼六園ガイドツアーである。修学旅行生に近い年代の生徒や学生が、石川の誇る兼六園をガイドすることによって、より分かりやすく説明でき、また修学旅行生の満足度も上がるだろうというのがその趣旨であった。そこで、地元高校生と金城大学短期大学部の学生が案内しますとのチラシを作成し、修学旅行の誘致活動が行われていた。しかし、実際は地元高校への要望はそれなりにあったが、短大への要望は積極的にはなく、ガイドを行う機会もなかった。
　新幹線開業後は石川県への修学旅行が急増し、高校生だけでは負担が大きくなりすぎ、また学校行事が重なるとガイドできないということで、2018年に初めて短大生がガイドを行うことになった。
　ただし、観光の勉強をしている学生とはいえ、これまでガイドの経験も知識もないところからの出発であり、まずはガイドマニュアルの作成を行い、それを使い実際にガイドをするところまでを行った。
　10月10日には都内の高校の修学旅行生97人に対して22人の学生がガイドを行った。

（4）白山スノーフェスティバル
　白山商工会青年部が主催するイベントであり、これまでネガティブにとらえてきた「雪」を活用し、冬場の山麓の賑わい創出のために始められた。2018年度で4回目を迎え、商工会青年部から大学生への連携の要請も強いイベントである。近

年、3校程度の大学がこのイベントで地域連携を行っているが、本学は1回目から連携をしており、さらに多くの学生が協力するということもあり、大学としても意見を言いやすいイベントの1つであるといえる。

　過去2回のイベントでは、客寄せのための巨大雪像づくりや雪遊びパークと名付けられた主に子供たちが楽しむためのスペースの活用などについて提案を行っている。2018年も同様の取り組みを行うのはもちろんのこと、これまで参加大学が各々催しを行ってきたが、今回初めて大学間も連携し、一緒に雪像づくりや催しを行うことを短大生が提案した。

　これまでと違い自分たちだけで考えをまとめ、プレゼンし採用に至るといった過程から、普段はキャンパスを異にする学生同士がLINEなどを活用し、自分たちの意見をまとめて他校に提案、それを受けて意見が出たらまた修正、実際に学生たちが顔を突き合わせてまた修正するということを繰り返し、2018年度の雪像や催しを決定することができた。

2　当日スタッフとしてのみ参加するもの
（1）はなしづめ夜桜詣

　4月15日に行われた「はなしづめ夜桜詣」は、白山市観光連盟主催で行われているイベントである。全国3000社ある白山神社の総本宮である白山比咩神社で行われる鎮花祭に合わせて、神社の裏手にある林業試験場樹木公園の桜の夜間特別拝観を目的にしたイベントであり2018年で3回目を迎える。この時期はまだゼミナール選択の時期でもありゼミ生も決定していないのだが、ゼミ候補生5名がイベントスタッフとして参加してくれた。主に子供たち向けの屋台スタッフとして短い時間ではあったが、地元の人たちと初めて一緒に仕事をする瞬間であった。

（2）灯りでつなぐ1300年

　2017年に白山開山1300年を記念して、一里野高原スキー場を舞台としての3万個のペットボトル設置を、2018年も引き続き行うことになった。真夏の設置作業ではどうしても大人数必要ということもあり、前年に引き続いて、2年連続のボランティア参加となった。

（3）どろりんピック2018

　白山青年会議所がこれまで行ってきたCCZフェスティバルに代わり、2018年に行ったのが「どろりんピック2018」である。これは計画等は他のゼミナールの学生がスタッフとして参加し、若月ゼミとしては当日の友軍としてお手伝いを行った。田植えをしていない田んぼを会場としてバレーボールや自転車競技、アスレチック、宝探しなどを行い、大人から子供まで多くの参加者があった。

（4）鳥越一向一揆まつり

　一向一揆最後の砦、鳥越城のあった白山市鳥越地区で、一向一揆の民の鎮魂のために毎年行われている祭りが、「鳥越一向一揆まつり」である。イベント規模に対して協力体制の不安定さや、地元大学生が所属していることもあり、今回で2回目の協力となった。協力体制の不安定さとは、イベント主催者の連携先が担当者変更などの理由により、必要人数の確保が年々難しくなってきてしまうことである。2018年は地元出身の学生がゼミナールに所属しているという理由もあり、1万本のろうそくをともす万灯華の火付け作業に協力することになった。

（5）東洋大学白山祭で白山市のPR活動

　白山市観光連盟主催の白山市のPR活動であり、都内での白山市知名度0.2％をより効果的に上げるために、加賀藩ともゆかりが深く、「白山」つながりである、文京区白山にある東洋大学の学園祭「白山祭」で、白山のPR活動を行っている。2018年で6回目の参加となり、恒例行事ともなっている。ここでは、白山市の観光資源についてのアンケートを実施しながら、PR活動を行っている。

（6）どんじゃら市

　白山市観光連盟主催のイベントであり、北陸新幹線開業を見越した2014年から行われている。2018年で5回目を迎えたイベントは、新嘗祭や七五三で賑わう白山比咩神社を会場に行われる。白山市内の海から山のものまで名物が集まるということを謳っており、各店舗には食べ物だけでなく工芸品や、盆栽まで並んでいる。本部スタッフとして福引抽選会のお手伝いをしている。

Ⅳ　考察

　問題点の1点目として挙げた、情報、文化の断絶について、ゼミ生の残していく研究成果や教員からの情報提供で、翌年のゼミ生が満足のいく提案ができる程度にはあることが分かった。しかし、地域の人たちにとっては毎年新しい学生に一から説明しなければいけないといった不都合な面もある。ゼミナール開講時期の変更や新たな基礎ゼミナールの設置など大学側でも工夫できる部分はあるように考える。
　2点目の地域の要望と大学の期待のギャップであるが、年々距離は縮まってきているように感じる。上記の①実行委員会設置当初から参加するもの、で紹介した取り組みでは、地域の問題を学生が解消するPBL（Problem Based Learning）の形をとっている。おおよそ教室では学べないことを地域連携の中で身をもって体験することができる。その効果を定量的に計測するところまでには至っていないが、経験を経てからの学生の言動からはその効果が推測できる。また、②当日スタッフとしてのみ参加するもの、で紹介したようなものは、ある程度地域での活動の理解を得るためには必要な部分もあると感じている。いわゆる「しがらみ」といったものに近いが、大学だけの都合を優先すると、2回目の連携がなくなるといった危険がある。地方都市のイベントの特徴として、イベント主催団体が変わってもその構成するメンバーはあまり変わらないことがある。少なくとも知り合いとしてはつながっている狭い社会である。地域に大学が存続する上で、地域の理解と評価は重要なことである。
　3点目の地域の要望と学生の活動量と教育効果の問題に関してはまだ検証の端緒についたばかりである。2018年の主な活動については上記で紹介したが、これらのことをゼミナールの授業時間内だけで行うことは不可能であり、かなりの日数をゼミナールのためだけに費やしていることになる。最初はやる気のあった学生でも、締め切りに追い込まれたり、過度なプレッシャーからモチベーションが下がったりすることも見受けられる。やり遂げた後には適度な満足感があっても、すぐに次の行事が迫ってくるようなスケジュールだと教育効果もそれほど上がるようには思えない。2点目に指摘した「しがらみ」に関しては単年度ゼミナールとして活動している学生にとっては全く重要なことではない。地域、大学、学生という3者の中で、担当教員として、どの程度が許容範囲なのかよく見極める必要はあるように感じている。

総じて、地域連携活動で、地域が得られること、学生が得られること、学校が得られることは多くある。地域が学生に期待していることは大きく、また、学生も地域の要望に応えようと、力を如何なく発揮してくれる。それは、たとえ短大生であっても、十分能力を出し、若者にしかできない発想で、若者が得意としている方法で、地域を盛り上げることはできる。

　課題としては、できるから、やれるからと言って何でも学生に押し付けてしまうやり方は非常に問題がある。学校として、担当教員として、地域と大学の関係、学生の教育効果の測定などを行いながら、地域連携の在り方を見極めながらの実践が求められている。

【参考文献】
中塚雅也・小田切徳美（2016）「大学地域連携の実態と課題」『農村計画学会誌』第35巻第1号。
影山隆雄（2014）「地域連携概論」『リサーチ・アドミニストレーター（URA）を育成・確保するシステムの整備成果報告書』文部科学省。

あとがき

　この度、地域創造研究所「人材育成研究部会」の手による地域創造研究叢書31号が刊行される運びとなった。この研究叢書は、本研究所の研究成果として自負するところである。というのは、『地域が求める人材』に集約された研究成果は、実に、研究所の由来が記されているように思えるからだ。

本研究所の2つの転機
　21世紀の舞台は地域にある。その地域の産業企業と共にある、地域に深く根を下ろしたオンリーワンの研究機関とすべく、2002年10月「地域ビジネス研究所」が設立された。翌年には、本学が言う「地域ビジネスとは何か」をオーソライズする意味で、地域の未来はまちづくりからとの思いを込めて『地域ビジネス学を創る』を刊行し、併せ、地域ビジネス研究叢書第1号を発刊している。それ以来、今では毎年2冊、本書をもって31号を数えるまでになった。
　2007年、「地域ビジネス研究所」は、人間学部の増設、校名変更に伴い「地域創造研究所」に改名している。それは、地域ビジネスの領域にとどまらず、健康・スポーツ、福祉、心理といった地域づくり総体を研究対象にする、本格的な研究機関への脱皮を意味した。それ以降、異分野の研究者あるいはそれぞれに違う研究視点に立つ研究者の「協働」が本研究所の研究スタイルになっている。この意味で、「地域創造研究所」への衣替えが、当研究所の最初の転機になった。
　それでも、本学の正課内外の学びと一体となった地に足がついた研究とは言えないところがあった。そこに第2の転機が訪れる。それは、2010年「オンリーワンの愛知東邦大学、そのよりどころは『活力のある地域づくり』」を掲げて臨んだ文科省「大学生の就業力育成支援事業」における「地域連携PBLを核とした就業力の育成」の採択にある。キャリア支援のプログラムの軸に正課のカリキュラムとして「東邦プロジェクト」が置かれ、それに呼応するように正課外に地域を学びの舞台に据えた実践的な学びが始まった。
　翌2011年からスタートし、愛知東邦大学型の地域連携PBLの模索が始まり、2014年には「PBL型学習プログラム」を生み出すに至った。具体的には「名東区学生ミーティング」を代表とする「東邦プロジェクト」は、今では、年間20を超えるプロジェクトに育った。2017年度には、延べ160人以上の学生が様々な活動

に参画し、リアリティあるキャリアプランを描き、地域社会に貢献する喜びを体験している。今では、その発展系に専門科目の中に「専門プロジェクト」が設置されるまでになっており、本学の教育と研究を牽引している。その意味するところは、地域を学びの舞台として実践的な学びを拠り所に地域の課題解決を図る活動にあり、それらを総括し、理論化した研究の成果を地域の場に返す、理論と実践との融合である。当研究所は、16年の間に、2つの転機を経て、「地域の知の拠点」たる存在証明を手にしつつある。

地域が求める人材を探求する意義ある研究

　人材育成研究部会の研究成果は、本学の研究分野の異なる4人の研究者に加え、TOHO Learning House の運営を主導している株式会社ツシマリバイブ阿比留大吉代表にとどまらず、県外では岐阜県、石川県、富山県の学外の研究者との協働に基づく総合的研究によるものである。

　また、当該研究部会は、地域連携型PBLとして、地域を学びの舞台に地域のクリエーションを目指す、理論と実践を融合した生きた研究を目指している。

　この点から見ると、当該研究は本研究所の来歴をなぞるように進められ、その核心を発展させるものとなっている。

　しかも、地域研究というと、その内容が単なる事例研究の羅列に終わるものが少なくない。また、総花的なものになるか、その逆に個別課題に特化しすぎている嫌いがある。

　それに引き換え、地域を舞台に都市集中型モデルから地域分散型モデルへの社会の転換が希求されている今日、これまでにない地域づくりの鍵は、ひとえに地域をイノベーションする人材の養成にかかっている。本書は、この肝心な、いわゆるリージョナル・イノベーター養成に応える試みとして特出して意義深い。

　かかる研究としては2点が指摘できよう。地域が求める人材とは何か、その基礎的研究がなされている点である。スポーツボランティアには期待感が大きいものの、それを担う人材として参加者の視点に加えて運営側のマネジメント能力が不可欠だとする指摘がその一つだ。スポーツは「する、観る、支える」が一体となって語られる今日、この指摘は説得力を持つ。これを敷衍すると、これから求められる地域人材とは、総じてマネジメント能力を身につけた人材となるのではないか。また、地域課題の明らかにし、その課題解決を探るプレゼン能力を備えた人材、そう

あとがき

した地域を担う人材のキャリア支援、その事例研究がなされている。これまで欠けがちであったプレゼン能力を有する地域人材の必要性もまた、時宜にかなう指摘と言えよう。

ただ、もっと言えば、事業企画の提案できる人材、地域人材として実地で求められる能力には段取りや一人ひとりの考えや思いを整理してまとめていくファシリテーターとしての能力などがある。これら、地域の求める人材の基本形として、どんな能力が欠かせないのか、これらを総体として提示できるものになっていたら更に充実した内容になったのではないか。

もう一点、地域を学びの舞台に地域を担う若者を育てるには何が必要なのか、多角的かつ総合的に論じている点が興味深い。

愛知東邦大学のPBL型学習として積み重ねてきた「東邦プロジェクト」とはどんなアプローチか。その具体的事例にもなる、日本初の「教育寮」TOHO Learning House の取り組みは、実践的活動を裏づけに理論化した研究として読み応えがある。地方に所在する大学の独自性のある地域貢献活動を通しての地方人材育成の試み、経済・経営系大学にできる地域連携によるこれまでにない学びの提供、そして、地域に飛び込むにあたり地域へのリスペクトを持って臨む基本的マナーが記されている。加えて、学生インタビューとして地域連携型教育の優位性から社会的認知度を上げる仕組みや白山市における地域連携ゼミナールの試みが紹介されている。

以上、「地域が求める人材」の研究は、本研究所の由来にたつものとして、大いに評価できるのではないだろうか。

2019年3月

愛知東邦大学地域創造研究所 所長
山極 完治

愛知東邦大学　地域創造研究所

　愛知東邦大学地域創造研究所は2007年4月1日から、2002年10月に発足した東邦学園大学地域ビジネス研究所を改称・継承した研究機関である。
　地域ビジネス研究所設立当時は、単科大学（経営学部 地域ビジネス学科）附属の研究機関であったが、大学名称変更ならびに2学部3学科体制（経営学部 地域ビジネス学科、人間学部 人間健康学科・子ども発達学科）への発展に伴って、新しい研究分野を包括する名称へと変更した。
　現在では、3学部4学科体制（経営学部 地域ビジネス学科・国際ビジネス学科、人間健康学部 人間健康学科、教育学部 子ども発達学科）となり、さらに研究・教育のフィールドを広げ、より一層多様な形で地域発展に寄与しようとしている。
　当研究所では、研究所設立記念出版物のほか、年2冊のペースで「地域創造研究叢書（旧 地域ビジネス研究叢書）」を編集しており、創立以来、下記の内容をいずれも唯学書房から出版してきた。

- 『地域ビジネス学を創る——地域の未来はまちおこしから』（2003年）

地域ビジネス研究叢書
- No.1『地場産業とまちづくりを考える』（2003年）
- No.2『近代産業勃興期の中部経済』（2004年）
- No.3『有松・鳴海絞りと有松のまちづくり』（2005年）
- No.4『むらおこし・まちおこしを考える』（2005年）
- No.5『地域づくりの実例から学ぶ』（2006年）
- No.6『碧南市大浜地区の歴史とくらし——「歩いて暮らせるまち」をめざして』（2007年）
- No.7『700人の村の挑戦——長野県売木のむらおこし』（2007年）

地域創造研究叢書
- No.8『地域医療再生への医師たちの闘い』（2008年）
- No.9『地方都市のまちづくり——キーマンたちの奮闘』（2008年）
- No.10『「子育ち」環境を創りだす』（2008年）
- No.11『地域医療改善の課題』（2009年）
- No.12『ニュースポーツの面白さと楽しみ方へのチャレンジ——スポーツ輪投げ

「クロリティー」による地域活動に関する研究』（2009 年）
- No.13『戦時下の中部産業と東邦商業学校——下出義雄の役割』（2010 年）
- No.14『住民参加のまちづくり』（2010 年）
- No.15『学士力を保証するための学生支援——組織的取り組みに向けて』（2011 年）
- No.16『江戸時代の教育を現代に生かす』（2012 年）
- No.17『超高齢社会における認知症予防と運動習慣への挑戦——高齢者を対象としたクロリティー活動の効果に関する研究』（2012 年）
- No.18『中部における福澤桃介らの事業とその時代』（2012 年）
- No.19『東日本大震災と被災者支援活動』（2013 年）
- No.20『人が人らしく生きるために——人権について考える』（2013 年）
- No.21『ならぬことはならぬ——江戸時代後期の教育を中心として』（2014 年）
- No.22『学生の「力」をのばす大学教育——その試みと葛藤』（2014 年）
- No.23『東日本大震災被災者体験記』（2015 年）
- No.24『スポーツツーリズムの可能性を探る——新しい生涯スポーツ社会への実現に向けて』（2015 年）
- No.25『ことばでつなぐ子どもの世界』（2016 年）
- No.26『子どもの心に寄り添う——今を生きる子どもたちの理解と支援』（2016 年）
- No.27『長寿社会を生きる——地域の健康づくりをめざして』（2017 年）
- No.28『下出民義父子の事業と文化活動』（2017 年）
- No.29『下出義雄の社会的活動とその背景』（2018 年）
- No.30『教員と保育士の養成における「サービス・ラーニング」の実践研究』（2018 年）

　当研究所ではこの間、愛知県碧南市や同旧足助町（現豊田市）、長野県売木村、豊田信用金庫などからの受託研究や、共同・連携研究を行い、それぞれ成果を発表しつつある。研究所内部でも毎年 5 ～ 6 組の共同研究チームを組織して、多様な角度からの地域研究を進めている。本報告書もそうした成果の 1 つである。また学校法人東邦学園が所蔵する、9 割以上が第二次大戦中の資料である約 1 万 4,000 点の「東邦学園下出文庫」も、2008 年度から愛知東邦大学で公開し、現在は大学図書館からネット検索も可能にしている。
　そのほか、月例研究会も好評で、学内外研究者の交流の場にもなっている。今後とも、当研究所活動へのご協力やご支援をお願いする次第である。

執筆者紹介

手嶋　慎介（てじま しんすけ）／愛知東邦大学准教授（まえがき、第2章、第3章担当）
大勝志津穂（おおかつ しづほ）／愛知東邦大学准教授（第1章担当）
梶山　亮子（かじやま りょうこ）／愛知東邦大学地域創造研究所　学外研究員（第2章担当）
加納　輝尚（かのう てるまさ）／富山短期大学准教授（第3章担当）
山本　恭子（やまもと きょうこ）／名古屋学芸大学准教授（第3章担当）
上野真由美（うえの まゆみ）／名古屋女子大学短期大学部講師（第3章、第8章担当）
舩木　恵一（ふなき けいいち）／愛知東邦大学教授（第4章担当）
深谷　和広（ふかや かずひろ）／愛知東邦大学教授（第Ⅱ部プロローグ担当）
阿比留大吉（あびる だいきち）／株式会社ツシマリバイブ代表取締役（第5章担当）
河合　晋（かわい すすむ）／岐阜経済大学准教授（第6章担当）
水野　英雄（みずの ひでお）／椙山女学園大学准教授（第7章担当）
奥村　実樹（おくむら みき）／金沢星稜大学准教授（第9章担当）
若月　博延（わかつき ひろのぶ）／金城大学短期大学部准教授（第10章担当）
山極　完治（やまぎわ かんじ）／愛知東邦大学教授、地域創造研究所所長（あとがき担当）

地域創造研究叢書No.31

地域が求める人材

2019年3月31日　第1版第1刷発行　　　　※定価はカバーに
　　　　　　　　　　　　　　　　　　　　表示してあります。

編　者——愛知東邦大学　地域創造研究所

発　行——有限会社　唯学書房
　　　　　〒113-0033　東京都文京区本郷1-28-36　鳳明ビル102A
　　　　　TEL　03-6801-6772　　FAX　03-6801-6210
　　　　　E-mail　yuigaku@atlas.plala.or.jp
　　　　　URL　https://www.yuigakushobo.com

発　売——有限会社　アジール・プロダクション

装　幀——米谷　豪

印刷・製本——中央精版印刷株式会社

©Community Creation Research Institute, Aichi Toho University
2019 Printed in Japan
乱丁・落丁はお取り替えいたします。
ISBN978-4-908407-19-2 C3337